Gestão da Cadeia de Suprimetos

Harvard Business Review

Gestão da Cadeia de Suprimentos

On Supply Chain Management

Os melhores artigos da **Harvard Business Review**

Tradução
Ricardo Bastos Vieira
Profissional de comunicação e marketing da Petrobras

2ª Tiragem

Elsevier

Série HBR Compacta

Campus

Do original: *Harvard Business Review On Supply Chain Management*
Tradução autorizada do idioma inglês da edição publicada por Harvard Business School Publishing Corporation

Copidesque: Claudia Amorim
Editoração Eletrônica: Estúdio Castellani
Revisão Gráfica: Andréa Campos Bivar e Jussara Bivar

Projeto Gráfico
Elsevier Editora Ltda.
Conhecimento sem Fronteiras
Rua Sete de Setembro, 111 – 16º andar
20050-006 – Centro – Rio de Janeiro – RJ – Brasil

Rua Quintana, 753 – 8º andar
04569-011 – Brooklin – São Paulo – SP – Brasil

Serviço de Atendimento ao Cliente
0800-0265340
sac@elsevier.com.br

ISBN 978-85-352-2913-4
Edição original: ISBN 978-1-4221-0279-4

Nota: Muito zelo e técnica foram empregados na edição desta obra. No entanto, podem ocorrer erros de digitação, impressão ou dúvida conceitual. Em qualquer das hipóteses, solicitamos a comunicação ao nosso Serviço de Atendimento ao Cliente, para que possamos esclarecer ou encaminhar a questão.

Nem a editora nem o autor assumem qualquer responsabilidade por eventuais danos ou perdas a pessoas ou bens, originados do uso desta publicação.

CIP-Brasil. Catalogação-na-fonte.
Sindicato Nacional dos Editores de Livros, RJ

G333 Gestão da cadeia de suprimentos / tradução Ricardo Bastos. – Rio de Janeiro : Elsevier, 2008 – 2ª reimpressão. – (HBR compacta)

Tradução de: HBR on supply chain management
Inclui índice
ISBN 978-85-352-2913-4

1. Logística empresarial. 2. Distribuição de mercadorias. 3. Fretes – Administração. 4. Aprovisionamento industrial. I. Série.

08-2643. CDD: 658.788
CDU: 658.78

Sumário

Estamos nisto juntos

DOUGLAS M. LAMBERT E A. MICHAEL KNEMEYER

Resumo Executivo

QUANDO GERENTES DA Wendy's International e da Tyson Foods* se reuniram em 2003 para formar uma parceria na cadeia de suprimentos, cada uma das partes tinha seus problemas. Do lado da primeira, havia aqueles que recordavam desacordos ocorridos no passado com a Tyson; assim como nesta, havia quem tivesse um pé atrás em relação à Wendy's. Mas essas empresas tinham uma ferramenta denominada "modelo de parceria" para ajudá-las a começar um relacionamento com o pé direito. Baseando-se na experiência de empresas-membro do Fórum Global de Cadeias de Suprimentos da Universidade de Ohio State, o modelo oferece um processo de alinhamento de expectativas e de seleção do nível mais produtivo de parceria. Ele estabelece rapidamente o entendimento mútuo e o comprometimento necessários para o sucesso e oferece uma estrutura para a medição de resultados. Este artigo coloca a ferramenta nas mãos do leitor.

As parcerias são justificáveis apenas se existirem para produzir resultados substancialmente melhores do que as empresas conse-

---

**Nota do Tradutor:* a Wendy's (depois do McDonald's e do Burger King) é a terceira maior rede de lanchonetes do mundo, e a Tyson, a maior processadora mundial de carnes.

guiriam por conta própria. E, mesmo que sejam efetivadas, poderão fracassar se as partes entrarem com expectativas divergentes. Ao longo de um dia e meio, o modelo de parceria elucida os fatores determinantes por trás do desejo de cada empresa para fazer a parceria, permite aos gerentes examinarem as condições que facilitam ou dificultam a cooperação e especifica as atividades que os gerentes deverão desempenhar para implementar o relacionamento.

Essa ferramenta se mostrou eficaz na Wendy's e em outras empresas ao determinar que tipo de parceria seria o mais adequado. A Colgate-Palmolive, por exemplo, o utilizou para ajudar a atingir metas financeiras mais elásticas com os fornecedores de produtos inovadores. Contudo, o modelo é igualmente eficaz para revelar que a visão de parceria de algumas empresas não é justificável. Em questões do coração, talvez seja melhor amar e perder, mas, no mundo dos negócios, é melhor evitar o desperdício de recursos e os ressentimentos duradouros que uma parceria fracassada poderá provocar.

QUANDO GERENTES DA Wendy's International e da Tyson Foods se reuniram em 2003 para formar uma parceria na cadeia de suprimentos, cada uma das partes tinha seus problemas. Do lado da primeira, havia aqueles que recordavam desacordos ocorridos no passado com a Tyson. Na verdade, há apenas alguns anos, a Wendy's havia tomado uma decisão formal de não voltar a comprar da Tyson. Pelo lado desta, algumas pessoas estavam com um pé atrás em relação a um cliente cujas demandas haviam feito a empresa deixar de atingir suas metas de lucratividade.

Desde então, algumas coisas haviam mudado, ou as empresas sequer conseguiriam sentar à mesa de negociação. Em primeiro lugar, o cardápio do Wendy's havia sido mudado, acompanhando as preferências do consumidor – a carne de frango havia se tornado tão importante quanto a bovina. A cadeia de restaurantes tinha um fornecedor de grandes volumes de carne de frango, mas desejava encontrar outro. Segundo, a Tyson havia adquirido a maior empresa de distribuição de carne bovina, a IBP, com quem a Wendy's tinha um forte relacionamento. O presidente e COO (Chief Operations Officer) da IBP, Richard Bond, agora assumira a mesma posição no empreendimento depois da fusão e, assim, a Wendy's acreditava ter alguém com quem poderia trabalhar na Tyson.

Outra coisa também havia mudado. As empresas tinham uma nova ferramenta, denominada modelo de parceria, para ajudá-las a iniciar o relacionamento com o pé direito. Desenvolvida sob os auspícios do Fórum Global de Cadeias de Suprimentos da Universidade de Ohio State, o modelo incorporava lições aprendidas a partir das melhores experiências de parceria vividas pelas 15 empresas-membro desse grupo e oferecia um processo para o alinhamento das expectativas e para determinar o nível de cooperação que seria mais produtivo.

Com este artigo, colocamos essa ferramenta em suas mãos. Explicaremos como, em um dia e meio, o modelo ressalta os drivers (elementos motivadores) que movem o desejo de cada empresa de formar uma relação de parceria, permite aos gerentes examinar as condições que facilitam ou dificultam a cooperação e especifica que atividades os gerentes das duas empresas deverão desenvolver – e em que nível – para implementar a parceria. O modelo – testado e comprovado na Wendy's e em dezenas de outros esforços de parceria – estabelece rapidamente o entendimento mútuo e o comprometimento exigidos para o sucesso e provê uma estrutura para a mensuração de resultados. (Ver o "O modelo de parceria".)

O modelo de parceria

Quando se reuniram pela primeira vez, em 1992, as empresas-membro do Fórum Global de Cadeias de Suprimentos da Universidade de Ohio State concordaram que precisavam de insights sobre como construir parcerias eficazes. O estudo de suas experiências formou a base de um modelo que vem sendo aperfeiçoado ao longo de dezenas de sessões de facilitação de parcerias. Os gerentes declaram os drivers por trás de seu desejo de estabelecer uma parceria e examinam as condições que facilitariam a cooperação. O modelo os ajuda a decidir sobre o tipo de parceria e impulsiona os componentes gerenciais necessários. Mais tarde, se os parceiros não estiverem satisfeitos com o relacionamento, eles irão determinar se os drivers ou facilitadores sofreram alguma modificação ou se os componentes estão em um nível apropriado.

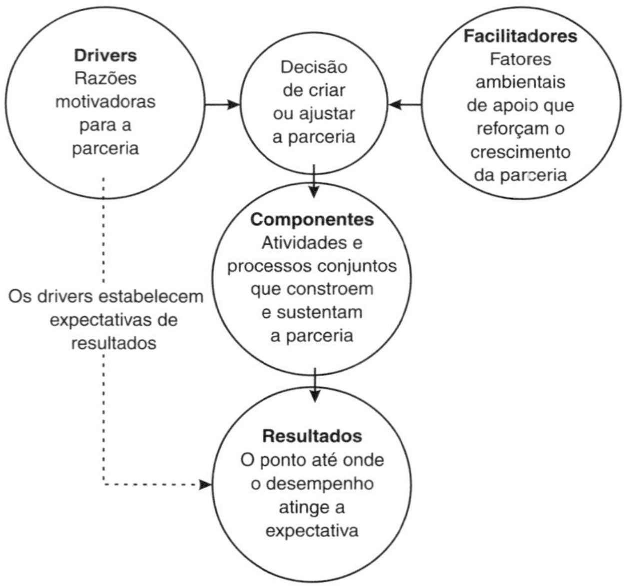

Fonte do diagrama: Douglas M. Lambert, Margaret A. Emmelhainz e John T. Gardner, "So You Think You Want a Partner?" *Marketing Management* 1996.

Não à parceria pela parceria

Por que tantas parcerias fracassam na entrega de valor? Geralmente isso ocorre porque elas não deveriam ter sido estabelecidas. É caro implementar parcerias – elas exigem ações adicionais de comunicação, coordenação e compartilhamento de riscos.

Elas se justificam apenas se produzirem resultados substancialmente melhores do que as empresas poderiam conseguir ao atuar por conta própria.

Esse ponto ficou evidente logo no começo da pesquisa com o Fórum Global de Cadeias de Suprimentos, quando seus membros identificaram parcerias de sucesso a serem estudadas. Uma delas era entre uma empresa de entrega de encomendas e um fabricante. A empresa entregadora obteve a receita que lhe fora prometida e a fabricante conseguiu os níveis de custo e serviço que haviam sido estipulados. Mas o relacionamento não era de parceria; era um contrato de fornecimento exclusivo, com garantia de volume. A questão é que geralmente é possível conseguir os resultados que desejamos sem que seja preciso recorrer a uma parceria. Se esse for o caso, não crie uma. Apenas redija um bom contrato. Você simplesmente não dispõe de recursos humanos suficientes para estabelecer relacionamentos próximos com cada fornecedor ou cliente.

Na Wendy's, os gerentes fazem uma distinção entre oportunidades de parcerias de alto e de baixo valor usando uma matriz de duas colunas por duas com os eixos "complexidade para a Wendy's" e "volume da compra". Artigos como canudinhos de bebida podem ser comprados em enormes quantidades, mas não representam qualquer complexidade em termos de sabor, textura ou segurança. Somente se o volume e a complexidade forem altos – como é o caso de ingredientes-chave – haverá possibilidade de a Wendy's procurar um parceiro. A Colgate-Palmolive, da mesma forma, mapeia seus fornecedores em uma matriz segundo seu "potencial para redução de custos" e "potencial para inovação" e explora as oportunidades de parceria junto aos que tiverem as classificações mais altas em ambos os itens.

Reservar as parcerias para as situações justificáveis é um modo de assegurar que elas fornecerão valor. Entretanto, mesmo assim, essas parcerias poderão fracassar se as partes tiverem expectativas conflitantes. Assim como a palavra "compromisso" em um casamento, "parceria" pode ser interpretada de forma bem diferente pelas partes envolvidas – e ambas geralmente se sentem tão seguras de que suas interpretações são compartilhadas que suas suposições jamais são questionadas ou articuladas.

Então, o que é necessário para que parcerias de cadeias de suprimentos sejam bem-sucedidas é um modo de perseguir relacionamentos de alto potencial e alinhar as expectativas em torno deles. O modelo de parceria foi concebido para fazer exatamente isso e não para ser uma ferramenta de seleção de fornecedores. Por exemplo, na Wendy's, o modelo foi empregado apenas depois que a vice-presidente sênior de gestão da cadeia de suprimentos da empresa, Judy Hollis, reduziu a 225 empresas a base de fornecedores. Naquela altura, a Wendy's poderia afirmar: "Agora a decisão foi tomada. Você é um fornecedor. Seu negócio não corre riscos. O que estamos tentando fazer aqui é estruturar o relacionamento de forma que possamos extrair dele o máximo com o mínimo de esforço." Essa garantia ajudou as pessoas a falarem com franqueza sobre suas esperanças em uma relação de parceria – uma necessidade absoluta para a construção de um processo desse tipo.

Um fórum para discussões francas

Segundo o modelo, representantes-chave de dois parceiros em potencial se reúnem durante um dia e meio para se concentrarem exclusivamente na parceria. Eles nem precisam de muita preparação, mas não se pode dizer o mesmo dos organizadores da reunião (geralmente empregados da empresa que iniciou o processo). Estes terão diante de si várias tarefas importantes antes da sessão. Primeiramente, devem encontrar um local apropriado, preferivelmente neutro para ambas as partes. Segundo, será preciso nomear um líder para a reunião, que, segundo a experiência acumulada de situações anteriores pelos membros do fórum, não deve ser associado a nenhuma das duas empresas. Temos a lembrança de determinada sessão, mediada por Don Jablonski, do departamento de compras da Masterfoods USA. Don é um cara simpático, que tem prática de mediação e estava familiarizado com o modelo, mas o pessoal do lado do fornecedor se fechou em copas e a sessão não chegou a lugar algum. Eles precisavam de um outsider.

Terceiro, os organizadores deverão se empenhar no agendamento da reunião para se assegurarem de que as pessoas certas, de ambas as partes, estejam presentes. Embora não exista um número mágico de representantes, cada lado deve ter uma ampla variedade de gerentes e indivíduos com expertises funcionais. A presença de executivos de alto nível assegurará que o trabalho seja levado a sério e os gerentes intermediários e mais o pessoal da área operacional e administrativa de departamentos como RH, finanças e marketing poderão oferecer valiosas perspectivas a respeito das interações cotidianas esperadas de ambas as empresas.

Objetivos à fria luz do dia

Depois das apresentações e de um resumo da situação, a manhã do primeiro dia é consumida pela "sessão dos drivers", em que as equipes de cada empresa considera a parceria potencial em termos de "O que eu ganho com isso?" (Ver "Como se comprometer em 28 horas", no fim deste artigo.)

As equipes são separadas em duas salas e cada uma delas fica com a incumbência de discutir e, em seguida, listar as razões motivadoras, de seu ponto de vista, para uma parceria. É vital que os participantes se sintam livres para falar com franqueza sobre se o relacionamento seria viável e como sua empresa poderia se beneficiar dele. Quais seriam os resultados potenciais? Para algumas equipes, esses resultados são poucos. Para outras, são suficientes para preencher páginas e páginas de flip charts.

Os drivers de parceria caem em quatro categorias: eficiência de ativos e de custos; reforços dos serviços aos clientes; vantagens mercadológicas; e crescimento ou estabilidade dos lucros. O líder da sessão e os formulários fornecidos asseguram que cada uma dessas categorias seja explicitamente abordada. Por exemplo, no item eficiência de ativos e de custos, uma equipe poderá especificar os valores que pretende economizar em termos de custos de produto, distribuição, embalagem ou manuseio de informações. O objetivo é que os participantes construam descrições específicas, organizadas por itens, para cada categoria de driver, com métricas e metas. Para o líder da sessão, cujo trabalho é fazer as equipes articularem metas mensuráveis, essa poderá ser a parte mais árdua do dia. Para uma equipe, não é suficiente dizer que a empresa busca "melhorias na utilização de ativos" ou "economias de custo do produto". As metas devem ser específicas; por exemplo, "melhorar a utilização dos ativos de 80% para 98%" ou "cortar custos de produto em 7% ao ano".

Em seguida, as equipes usam uma escala de um a cinco (um sendo "sem chance", e cinco, "com certeza") para classificar a probabilidade de a parceria produzir os resultados desejados em cada uma das quatro principais categorias. Um ponto adicional poderá ser atribuído (elevando o total para seis) nos casos em que o resultado proporcionará uma vantagem competitiva sustentável ao igualar ou superar o benchmark da indústria naquela área. Os pontos são somados (o máximo possível é 24) para produzir uma nota total relativa aos drivers de cada empresa.

É exatamente neste momento do dia que as coisas começam a ficar interessantes. As equipes voltam a se reunir em uma sala e apresentam, uma para a outra, seus drivers e pontuações. As regras do jogo são tornadas claras. Se uma das partes não entender como as metas da outra serão atingidas, deve pedir esclarecimentos. O não-questionamento de determinado driver significa concordância das partes e as obriga a cooperar para implementá-lo. Os drivers listados por um fornecedor da Wendy's, por exemplo, incluíam a perspectiva de aumento dos negócios com a subsidiária canadense da empresa, Tim Hortons. A equipe da Wendy's rejeitou o driver alegando que a gerência de sua subsidiária tinha autonomia para tomar decisões. Esse é apenas um dos tipos de expectativa que não são abordados claramente na maioria das parcerias e que, posteriormente, se torna fonte de desapontamentos.

Contudo, as expectativas são aumentadas com a mesma freqüência com que são diminuídas. Em diversas ocasiões, gerentes reagiram com agradável surpresa à apresentação de drivers ao descobrirem a existência de um objetivo comum que não havia sido considerado anteriormente porque ambas as partes tinham partido do pressuposto de que não formariam a parceria.

A sessão dos drivers tem valor inestimável ao fazer as motivações de todos serem colocadas sobre a mesa e ao calibrar as expectativas dos dois lados. Oferece também um fórum legítimo para a discussão de questões polêmicas ou para limpar as manchas deixadas por desentendimentos passados. Durante uma sessão da Wendy's, a discussão tomou um rumo extremamente útil, em que foram questionados os motivos pelos quais as especificações da empresa eram tão custosas. Em outra sessão memorável, ouvimos uma gerente do lado comprador do relacionamento dizer: "Sinto-me como se estivéssemos casados e tivéssemos chagado a um ponto em que você já não me acha tão bonita quanto no passado." Seu interlocutor respondeu na hora: "Bem, talvez você já não seja a mulher com quem me casei um dia." A franqueza da discussão que se seguiu permitiu que os dois lados reajustassem o foco da discussão naquilo que ambos poderiam ganhar se trabalhassem em conjunto. Como nos disse Judy Hollis, a respeito da sessão Wendy's-Tyson, "O que eles nos apresentaram durante o compartilhamento de drivers confirmou que poderíamos ter um relacionamento mais profundo. Se tivéssemos visto coisas que estavam lá apenas para nos agradar, não estaríamos dispostos a seguir adiante com o aprofundamento de nossas relações."

Em busca da compatibilidade

Uma vez que os dois lados tenham chegado a um acordo a respeito dos resultados esperados para o negócio, o foco se transfere para o ambiente organizacional em que a parceria irá funcionar. Em uma nova sessão, os dois lados, em conjunto, consideram até que ponto acreditam que certos fatores-chave, que denominamos "facilitadores", estão preparados para dar suporte ao empreendimento. Os quatro facilitadores mais importantes são: a compatibilidade das culturas corporativas, a compatibilidade das técnicas e filosofias gerenciais, um forte senso de mutualidade e simetria entre as duas partes. O grupo como um todo recebe a incumbência de pontuar – mais uma vez em uma escala de um a cinco – os pontos fortes percebidos dos facilitadores. (Isso pressupõe, é claro, que os participantes tenham uma história de interações em que se basear. Se o relacionamento for novo, os gerentes precisarão passar mais tempo trabalhando em projetos conjuntos antes de tentar fazer essa avaliação.)

No que diz respeito à cultura e às técnicas e filosofia gerenciais a questão é que não se deve procurar por similaridades. Parceiros não precisam ter culturas e abordagens gerenciais idênticas; algumas diferenças são benignas. Em vez disso, pede-se aos participantes que considerem as diferenças que certamente causarão problemas. Em uma das organizações as decisões são tomadas de cima para baixo enquanto, na outra, de baixo para cima? Um dos lados está comprometido com a melhoria contínua enquanto o outro não? As pessoas são remuneradas de formas conflitantes? O líder da sessão deverá se contrapor à tendência natural do grupo de desenhar um quadro cor-de-rosa de quão produtiva seria a inter-relação das empresas. Ele poderá conseguir isso pedindo que algum participante cite um exemplo para ilustrar qualquer similaridade cultural ou gerencial. Uma vez que o exemplo seja dado, alguém na sala geralmente o desafiará, dizendo: "Ah é? Mas eles também fazem *isto*..."

Um senso de mutualidade – de compartilhamento de propósitos e de perspectivas – é vital, pois ajuda as organizações a avançarem além de uma mentalidade de soma-zero e a respeitarem o espírito da parceria, mesmo que os ganhos de um dos parceiros estejam sob pressão. Também poderá se incluir um desejo de integração de sistemas ou de compartilhamento de certas informações financeiras. Simetria geralmente significa escalas, posições na indústria ou imagem da marca comparáveis. Mas, mesmo que duas empresas sejam significativamente dessemelhantes em relação a esses aspectos, elas poderão se dar uma nota alta no quesito simetria se detiverem poder equivalente sobre o sucesso da outra no mercado – talvez porque a empresa menor forneça um componente único e escasso ou que seja crítico para a manutenção da vantagem competitiva da empresa maior.

Além desses quatro facilitadores, há outros cinco ainda a serem analisados: concorrentes compartilhados, proximidade física, potencial para exclusividade, experiência de relacionamento anterior e usuários finais compartilhados. Cada um desses acrescentaria um ponto adicional ao total, que poderia chegar a um escore máximo de facilitadores de 25. Esses fatores não prejudicarão a parceria se estiverem ausentes, mas, se existentes, aprofundarão os elos. Pense na sensação de cumplicidade que o McDonald's e a Coca-Cola devem ter experimentado em sua parceria nos anos 90 pelo fato de ambas odiarem a Pepsi (que, na época, era proprietária das franquias Kentucky Fried Chicken, Taco Bell e Pizza Hut e que somavam mais lojas que as da rede McDonald's). A proximidade física certamente acrescenta alguma dimensão à parceria entre a Wendy's e sua fornecedora de molhos, a T. Marzetti. Com suas sedes em Columbus, Ohio, os departamentos de pesquisa e desenvolvimento de ambas podem colaborar facilmente. Também vimos benefícios de proximidade na parceria entre a 3M e a rede de varejo Target. Com seus escritórios centrais localizados nas cidades gêmeas de Minneapolis e Saint Paul, Minnesota, os gerentes das duas empresas, acostumados a interagir por meio de trabalhos beneficentes, organizações artísticas e esforços comunitários, descobriram ser fácil colaborar também em seus trabalhos.

A análise cuidadosa e precisa dessas questões demanda, às vezes, um esforço considerável porque os escores dos facilitadores e dos drivers, totalizados na primeira sessão, resultam em uma recomendação para a parceria. A "Matriz de propensão à parceria" mostra como os escores indicam o melhor tipo de associação – parcerias dos tipos I, II ou III, ou simplesmente uma relação em que certa distância deva ser mantida entre as empresas. Cada um desses tipos carrega determinado nível de complexidade gerencial e de uso de recursos. No Tipo I, as organizações reconhecem-se mutuamente como parceiras e coordenam seu planejamento e atividades dentro de certos limites. No Tipo II, as empresas integram atividades ao envolverem múltiplas funções e divisões. No Tipo III, elas compartilham um grau significativo de integração, com cada uma vendo a outra como uma extensão de si própria. As parcerias do Tipo III seriam equivalentes a alianças estratégicas, mas somos cuidadosos ao usar uma terminologia tão carregada de valores porque não deve haver a inferência de que mais integração seria melhor do que menos integração.

Para colocar isso em perspectiva, é bom lembrar que a Wendy's começou pela concentração de suas compras em 225 fornecedores. Desses, apenas os 40 maiores estão passando pelo processo de parceria. Ao que parece, apenas algumas dessas empresas chegarão a ser parceiras do Tipo III. Talvez 12 ou 15 sejam do Tipo II, e cerca de 20, do Tipo I. Essa parece ser uma distribuição apropriada. Não queremos que ninguém pretenda ser uma parceira do Tipo III. Queremos simplesmente que se encaixem no tipo de relacionamento mais adequado à situação do negócio e ao ambiente organizacional.

Naturalmente, os gerentes dentro da sala não precisam necessariamente aceitar essas recomendações. Se o resultado os

Matriz de propensão à parceria

Que tipo de parceria seria melhor? Uma vez que tenham mensurado seu desejo de estabelecer uma parceria e determinado com que facilidade poderiam coordenar as atividades, as empresas que examinam a possibilidade de trabalhar juntas poderão usar esta matriz para decidir quanto à formação da parceria e, se for o caso, em que nível.

Facilidade de Coordenação (medida pela "pontuação de facilitadores") \ Desejo da empresa de estabelecer a parceria (medido pela "pontuação de drivers")	8-11	12-15	16-24
16-24			Melhor tipo de parceria: **III**, em que cada empresa vê a outra como uma extensão de si própria.
12-15	Melhor tipo de parceria: **I**, em que a coordenação é limitada.	Melhor tipo de parceria: **II**, em que as atividades de múltiplas divisões são integradas.	
8-11	Melhor tipo de relacionamento: **manter um mínimo de distância.**		

surpreender de alguma maneira, pode ser que seja a ocasião apropriada para um choque de realidade. Eles devem se perguntar: "Será que é razoável comprometer recursos para esse tipo de parceria, tendo em vista o que sabemos sobre nossos drivers e facilitadores?" Se houver dúvidas quanto à resposta, a sessão final do processo, o foco nos requisitos gerenciais da parceria, esclarecerá as questões.

Ações e cronogramas

Na terceira sessão, o grupo volta a se reunir como um todo para se concentrar nos componentes gerenciais – as atividades e os processos conjuntos necessários para o lançamento e sustentação de uma parceria. Enquanto os drivers e facilitadores determinam o melhor tipo de relacionamento, os componentes gerenciais são os tijolos da parceria. Eles incluem capacitações para planejamento, controles de operações conjuntos, comunicação e o compartilhamento de riscos e recompensas. Eles são universais em todos os níveis da empresa e dos ambientes de negócio e, diferentemente dos drivers e facilitadores, são mantidos sob o controle direto dos gerentes envolvidos.

Em conjunto, as duas equipes desenvolvem planos de ação para colocar esses componentes em ação em um nível apropriado para o tipo de parceria. Os participantes recebem uma tabela com uma lista de componentes em ordem de importância (parte dessa tabela pode ser encontrada no quadro "Componentes gerenciais para parcerias"). As equipes têm como primeira tarefa determinar até que ponto os componentes já estão ajustados. Esse é um processo rápido. Os participantes correm a lista dos componentes, observando se cada tipo de atividade está sendo desempenhado em um nível alto, médio ou baixo. De modo geral, os componentes devem estar em um nível alto para parcerias do Tipo III, médio para as do Tipo II e baixo para o Tipo I.

Sob o título de controles de operação conjuntos, por exemplo, uma parceria do Tipo III exigiria o desenvolvimento de medições conjuntas de desempenho com foco na performance combinada das duas empresas. Em contraste, uma parceria do Tipo II envolveria medidas de desempenho focadas no desempenho individual de cada empresa, independentemente do bom desempenho do parceiro. Em uma parceria do Tipo I as empresas não trabalhariam em conjunto para desenvolver medidas de desempenho mutuamente satisfatórias, embora possam compartilhar seus resultados.

Para cada componente gerencial, o grupo deve ressaltar o que deve ser feito – se é que há algo – para que seja possível passar do status atual para o nível de capacitação exigido pela parceria. Neste ponto, é útil focalizar novamente os drivers com os quais todos concordaram na sessão um e começar a desenvolver planos e ação em torno de cada um deles. É nesses planos de ação que as deficiências dos componentes gerenciais atuais se tornam aparentes. Por exemplo, pode ser que para se atingir determinada meta seja necessário um planejamento conjunto sistemático, mas que o grupo tenha acabado de dizer que o planejamento esteja ocorrendo em um nível baixo. Assim, claramente, o planejamento deverá ser considerado em um nível mais elevado.

Uma das necessidades que se tornaram claras na sessão Tyson-Wendy's foi a de aumento da comunicação nos níveis superiores. As pessoas do nível operacional em ambas as empresas se comunicavam com regularidade e eficácia, mas isso não tinha paralelo no nível superior. Joe Gordon, gerente de commodities na Wendy's, explicou por que isso se constituía em problema: "Todos nós, operários, às vezes chegamos a um ponto em que encontramos obstáculos em nosso relacionamento cotidiano; no passado, talvez tenhamos desistido de superá-los." Depois que um plano de ação foi desenvolvido para reunir as equipes da alta gerência para conversar, esses problemas se tornaram mais fáceis de tratar.

*Componentes gerenciais para parcerias**

Componentes da Parceria	Baixo	Médio	Alto
Planejamento			
• Estilo	• *ad hoc*	• programação regular	• sistemático: tanto programado quanto *ad hoc*
• Nível	• foco nos projetos ou tarefas	• foco no processo	• foco no relacionamento
• Conteúdo	• compartilhamento dos planos existentes	• desenvolvido de forma conjunta, eliminando conflitos nas estratégias	• desenvolvido em conjunto e em múltiplos níveis, incluindo a alta gerência; cada empresa participa do planejamento de negócios da outra
Controles de Operações Conjuntas			
• Medição	• as medições de desempenho são desenvolvidas de forma independente, mas os resultados poderão ser compartilhados	• as medições são desenvolvidas em conjunto e compartilhadas; o foco é no desempenho individual de cada empresa	• as medições são desenvolvidas em conjunto e compartilhadas; o foco é no relacionamento e no desempenho conjunto
• Capacidade de fazer mudanças	• as partes poderão sugerir mudanças nos sistemas da outra	• as partes poderão modificar os sistemas da outra, depois de obterem aprovação	• as partes poderão efetuar mudanças nos sistemas da outra sem obter aprovação

Comunicação			
Não rotineira	• muito limitada, geralmente apenas relativa a questões críticas no nível de tarefa ou de projeto	• conduzida com mais regularidade, em níveis múltiplos; geralmente aberta e honesta	• planejada como parte do relacionamento; ocorre em todos os níveis; compartilhamento de elogios e críticas; as partes "falam a mesma língua"
Rotineira			
• Organização	• *ad hoc*, entre indivíduos	• número limitado de ações de comunicação programadas; alguma sistematização	• método sistematizado de comunicação; sistemas de comunicação interconectados
• Equilíbrio	• basicamente unilateral	• bilateral, mas desequilibrado	• fluxo equilibrado de comunicação de duas vias
• Eletrônica	• uso de sistemas individuais	• modificação conjunta de sistemas individuais	• desenvolvimento conjunto de comunicação eletrônica customizada
Compartilhamento de Riscos e Recompensas			
• Baixa tolerância	• tolerância extremamente baixa a perdas	• alguma tolerância a perdas de curto prazo	• alta tolerância a perdas de curto prazo
• Comprometimento com os ganhos	• vontade limitada de ajudar o outro a ganhar	• vontade de ajudar o outro a ganhar	• desejo de ajudar o outro a ganhar
• Comprometimento com o que é justo	• a justiça é avaliada por transação	• a justiça é monitorada ano a ano	• a justiça é medida ao longo da vida do relacionamento

*Em geral, parcerias do Tipo III exigem altos níveis da maior parte desses componentes. Parcerias do Tipo II requerem níveis médios, e do Tipo I, níveis baixos. (Essa é apenas uma lista parcial dos componentes gerenciais.)

Quando os participantes voltam ao trabalho, levam consigo ações, cronogramas e a designação das responsabilidades das partes. O fato de tantas coisas serem realizadas em um espaço de tempo tão curto é fonte de motivação contínua. Donnie King, chefe das operações de avicultura da Tyson, admitiu que tinha ido para o encontro com um alto grau de ceticismo. "Você tende a acreditar que será um processo em que todos se sentam em um grande círculo, dão as mãos, cantam uma canção e nada muda", observou. Mas, quando ele saiu do encontro, sabia que as mudanças ocorreriam de fato.

Uma ferramenta versátil

A atual qualidade de interação e cooperação entre a Tyson Foods e a Wendy's International sugere que o modelo de parceria é eficaz não apenas na concepção de novos relacionamentos, mas também na remediação daqueles com problemas. Hoje, a Wendy's faz pesadas compras da Tyson e acredita que a parceria produza valor semelhante ao de outras relações do mesmo tipo ao envolver ingredientes-chave da empresa. Richard Bond, da Tyson, nos disse: "Existe um maior nível de confiança entre as duas empresas. Temos tido um envolvimento mais profundo em questões de controle de qualidade e no modo como nossas fábricas são auditadas (pela Wendy's), em vez de ter [esses processos] impostos a nós."

Os grupos de pesquisa e desenvolvimento e de marketing de ambas as empresas já começaram a explorar novos produtos que permitiriam à Wendy's ampliar seu cardápio, tendo a Tyson como fornecedora principal. Em recente entrevista, pedimos a Tony Scherer, diretor de gestão da cadeia de suprimentos da Wendy's, que rememorasse as tensas conversas da sessão de parceria ocorrida em dezembro de 2003. Perguntamos se aquela história ainda tinha reflexos no relacionamento. "Não", disse ele. "Eu realmente acho que isso é coisa do passado e que agora já podemos avançar."

Para outras empresas, o modelo de parceria produziu resultados positivos de maneiras diferentes. A Colgate-Palmolive o utilizou para ajudar a flexibilizar metas financeiras com fornecedores-chave de produtos inovadores. A TaylorMade-adidas Golf Company o utilizou para estruturar relacionamentos com fornecedores na China. Na International Paper, o modelo ajudou a alinhar expectativas entre duas divisões que fornecem uma à outra e que têm demonstrações de resultado distintas. Serviu também à Cargill, quando a empresa desejava que suas várias divisões – todas negociando separadamente com a Masterfoods USA – apresentassem uma face mais unificada aos clientes. A sessão foi difícil de ser conduzida, com sete grupos da Cargill interagindo com três divisões da Masterfoods, mas o toma-lá-dá-cá resultou em ampla gama de benefícios, desde o melhor aproveitamento do complexo de cacau no Brasil até a administração mais eficaz da cobertura de risco dos preços de commodities na Masterfoods.

Mas focalizar apenas nessas histórias de sucesso é ignorar grande parte da argumentação em favor do modelo. Diríamos que tão valioso quanto isso são as sessões, em que os participantes descobrem que sua visão de parceria não é justificada pelos benefícios que, dentro do que seria razoável, se poderiam esperar. Em assuntos do coração, talvez fosse melhor ter amado e perdido, mas, em relacionamentos de negócio, é muito melhor evitar o dreno de recursos e a recorrência de ressentimentos oriundos de uma parceria fracassada. Se você estudar os relacionamentos que terminaram em desapontamentos para uma das partes, ou ambas, chegará à conclusão de que existiu um fato comum: expectativas dissonantes e não realistas. Os executivos de ambas as empresas usavam o mesmo termo "parceria", mas com visões de relacionamento inteiramente distintas. O modelo de parceria assegura que ambas as partes enxerguem a oportunidade em seu todo e limitada apenas à realidade.

Como se comprometer em 28 horas

Antes do encontro

Uma EQUIPE INTERFUNCIONAL, de vários níveis organizacionais e de ambas as empresas, é selecionada e se compromete a comparecer a uma reunião. Um local é identificado, preferivelmente fora de ambas as empresas.

Primeiro dia

Manhã

Apresentações e visão geral. O líder da sessão explica a lógica de uso do modelo.

Articulação de drivers. As duas equipes se reúnem separadamente para discutir as razões de estarem buscando parceria e para listar razões específicas e particulares dentro de quatro categorias: eficiências de ativos e custos; melhorias nos serviços aos clientes; vantagens mercadológicas; e crescimento dos lucros e estabilidade. Cada categoria recebe uma pontuação indicando o grau de compatibilidade da parceria em relação a essas metas.

Tarde

Apresentação dos drivers. Os grupos apresentam seus drivers uns aos outros. Cada equipe deve desafiar cada driver que considerar insuportável ou inaceitável. O não-questionamento de um objetivo significa concordância e obriga a organização a ajudar a parceira potencial a atingir sua meta. As equipes também comparam as pontuações dos drivers. A pontuação mais baixa se tornará o escore de referência dos drivers para a parceria proposta (isso porque a equipe menos motivada é o fator limitante da relação).

Avaliação de facilitadores. As equipes examinam, em conjunto, as características do ambiente organizacional compartilhado que ajudaria ou dificultaria a cooperação. São pontuados quatro fatores básicos e cinco fatores adicionais.

Prescrição do nível de parceria. O grupo consulta a "Matriz de propensão à parceria", que prescreve ações com base nas pontuações. O relacionamento ideal pode ser do Tipo I, II ou III ou, ainda, uma associação em que as empresas mantenham certa distância entre si.

Segundo dia
Manhã
Análise dos componentes. O grupo analisa os componentes gerenciais exigidos para o nível de parceria prescrito pela matriz e pondera até que ponto esses componentes já existem em ambas as empresas. É elaborado um plano para o desenvolvimento dos componentes necessários, incluindo ações específicas, partes responsáveis e prazos.

Revisão. Os drivers articulados no primeiro dia são revisados para assegurar que cada um deles tenha merecido um plano de ação correspondente.

Publicado originalmente em dezembro de 2004
Reimpressão R0412H

Construindo relacionamentos profundos com fornecedores

JEFFREY K. LIKER E THOMAS Y. CHOI

Resumo Executivo

MAIS E MAIS EMPRESAS ESTÃO contando com seus fornecedores para baixar custos, melhorar a qualidade e desenvolver inovações mais rápido do que os fornecedores de seus concorrentes sejam capazes. Para esse fim, muitos experts concordam que empresas americanas, como suas concorrentes japonesas, deveriam montar *keiretsu* de fornecedores: redes de fornecedores que continuamente aprendem, se aperfeiçoam e prosperam em sincronia com suas controladoras.

Entretanto, a história nos mostra que é mais fácil falar do que fazer. Algumas grandes organizações americanas criaram cadeias de suprimentos que se assemelhavam superficialmente àquelas de suas concorrentes japonesas, mas não alteraram a natureza de seu relacionamento com os fornecedores. Em conseqüência, as relações entre os fabricantes americanos e seus fornecedores afundaram a seu nível mais baixo em décadas.

Contudo, os relatos do fim do keiretsu são superestimados. O modelo japonês de parceria entre fabricantes e fornecedores está vivo e vai muito bem, obrigado, tanto na América do Norte quanto no Japão. Ao longo dos últimos dez anos, as montadoras Toyota e Honda estabeleceram parcerias de sucesso com os mesmos fornecedores que estão em conflito com as Big Three* e criaram eficazes keiretsu no Canadá, nos Estados Unidos e no México.

Então, como é que a Toyota e a Honda fazem? Os autores, que estudaram as indústrias automobilísticas americana e japonesa durante mais de 20 anos, descobriram que essas duas empresas conseguiram estabelecer ótimas relações com seus fornecedores seguindo seis passos. Primeiro, elas entendem como funciona o trabalho de seus fornecedores. Segundo, transformam a rivalidade entre fornecedores em oportunidade. Terceiro, monitoram os fornecedores de perto. Quarto, desenvolvem as capacitações desses fornecedores. Quinto, compartilham informações intensa, mas seletivamente. E sexto, ajudam seus fornecedores a melhorar continuamente os processos.

A Toyota e a Honda são bem-sucedidas porque seguem consistentemente essas seis diretivas. Portanto, elas não apenas se mantiveram competitivas ante as Big Three, mas também redefiniram o campo de jogo.

As Big Three [fabricantes americanas de automóveis] estabelecem metas anuais de redução de custo [para os componentes que adquirem]. Para atingir essas metas, farão qualquer negócio. [Elas desencadearam] um reino do terror, e fica pior a cada ano. Não se pode confiar em ninguém [nessas empresas].

– DIRETOR, EMPRESA FORNECEDORA DE PARTES INTERNAS PARA A FORD, GM E CHRYSLER. OUTUBRO DE 1999

A Honda é um cliente exigente, mas é leal a nós. As fabricantes de automóveis [americanas] nos fazem trabalhar em projetos, pedem a outros fornecedores que façam cotações para eles e dão o contrato a quem der o menor preço. A Honda jamais faria isso.

– CEO, EMPRESA FORNECEDORA DE PARAFUSOS PARA A FORD, GM, CHRYSLER E HONDA. ABRIL DE 2002

**Nota do Tradutor*: The Big Three, "As Três Grandes", são as três maiores fabricantes de automóveis dos Estados Unidos, a General Motors, a Ford Motor Company e a DaimlerChrysler.

Em minha opinião, [a Ford] parece mandar seus empregados fazerem cursos em uma "escola do ódio" para que aprendam como tratar fornecedores. A empresa é extremamente confrontadora. Depois de lidar com a Ford, tomei a decisão de jamais comprar automóveis dessa marca.
– EXECUTIVO SÊNIOR, EMPRESA FORNECEDORA DA FORD. OUTUBRO DE 2002

A Toyota nos ajudou a melhorar bastante nossos sistemas de produção. Começamos fabricando um único componente e, à medida que fomos evoluindo, [a Toyota] nos recompensou colocando pedidos para outros itens. A Toyota é nosso melhor cliente.
– EXECUTIVO SÊNIOR, EMPRESA FORNECEDORA DA FORD, GM, CHRYSLER E TOYOTA. JULHO DE 2001

NENHUMA GRANDE ORGANIZAÇÃO precisa ser convencida de que as parcerias com ênfase em escala e focadas em tecnologia na economia global são hoje o sangue que corre nas veias da cadeia de suprimentos. As empresas, especialmente em economias desenvolvidas, compram maior quantidade de componentes e serviços de fornecedores do que costumavam fazer no passado. Em 2002, as 100 maiores manufaturas americanas gastaram 48 centavos em cada dólar de vendas para comprar materiais, comparados aos 43 centavos gastos em 1996, segundo a estimativa da revista *Purchasing*. Cada vez mais, as empresas dependem de seus fornecedores para reduzir custos, melhorar a qualidade e desenvolver novos processos e produtos mais rápido que a concorrência. Na verdade, algumas organizações já começaram a avaliar o que seria mais conveniente: continuar a montar produtos por conta própria ou terceirizar toda a produção. A questão não é se as empresas devam transformar seu relacionamento a uma certa distância com fornecedores em parcerias íntimas, mas, sim, como. Felizmente, as recomendações sobre esse assunto são bastante consistentes: os experts concordam que as grandes organizações americanas deveriam se mirar em suas concorrentes japonesas e formar *keiretsu* de fornecedores - redes de vendedores que continuamente aprendem, se aperfeiçoam e prosperam em sincronia com suas empresas controladoras. (A propósito, não é nossa intenção sugerir que as fabricantes e os fornecedores devam criar complexas inter-relações por meio de participação acionária cruzada, como ocorre com as empresas japonesas.)

Para as empresas que se intimidam pela perspectiva de construir laços de intimidade com fornecedores a quem elas, historicamente, sempre maltrataram, nossa pesquisa traz notícias más e boas. Primeiro, as más notícias: É muito mais difícil construir um relacionamento com fornecedores do que as empresas imaginam. Durante mais de 20 anos, muitas organizações americanas fracassaram ao tentar estabelecer elos com seus fornecedores. Como parte da onda da qualidade dos anos 80, essas empresas adotaram ostensivamente o modelo de parceria japonês. Elas reduziram o número de fornecedores, deram aos sobreviventes contratos de longo prazo e encorajaram os fornecedores de marca mais conhecida a gerenciar os de marcas menos conhecidas. Elas também induziram fornecedores mais conhecidos a produzir subsistemas em vez de componentes, a assumir a responsabilidade pela qualidade e pelos custos e a entregar just-in-time. Em 2001, o Malcolm Baldrige National Quality Award Committee tornou "parcerias de clientes e fornecedores-chave e mecanismos de comunicação" uma categoria separada na qual seriam julgadas as melhores empresas nos Estados Unidos.

Contudo, enquanto essas empresas americanas criavam cadeias de suprimentos que se assemelhavam superficialmente àquelas de suas concorrentes japonesas, elas não alteraram a natureza fundamental de seu relacionamento com fornecedores. Não demorou muito até que fabricantes e fornecedores estivessem se engalfinhando a respeito da implementação das melhores práticas, como a melhoria contínua da qualidade e a redução anual de preços. Na virada do milênio, dois fatores adicionais tornaram o custo, novamente, o principal critério na seleção de fornecedores. Primeiro, as empresas conseguiam contratar fornecedores globais com maior facilidade, notadamente aqueles localizados na China. Elas concluíram precipitadamente que o benefício imediato dos baixos custos de mão-de-obra superava o benefício de longo prazo de investir em relacionamentos. Segundo, o desenvolvimento e a disseminação de tecnologias de internet permitiram às empresas promover, mais do que antes, de forma mais eficiente – e mais brutal – uma concorrência entre fornecedores com base em custos. Conseqüentemente, as relações entre fabricantes e fornecedores nos Estados Unidos se deterioraram a tal ponto que, hoje, elas estão piores do que quando a revolução da qualidade começou. Na indústria automobilística americana, por exemplo, a Ford usa leilões reversos on-line para obter os menores preços possíveis para componentes. A GM redige contratos que permitem-na mudar de fornecedor, sem aviso prévio, para diminuir custos. A Chrysler tentou montar um keiretsu, mas o processo foi por água abaixo depois que a Daimler assumiu o controle da empresa em 1998. Não é surpresa que as Big Three estejam mais ou menos em guerra com seus fornecedores. Tendo testemunhado o abjeto fracasso das montadoras americanas em criar keiretsu, as empresas ocidentais, em sua maioria, têm dúvida de que o modelo possa ser replicado fora da cultura e da sociedade japonesas.

É hora, talvez, das boas notícias. Ao contrário do que acreditam os cínicos, os relatos de fracasso do keiretsu são extremamente exagerados. O modelo japonês de parceria de fornecedores está vivo, com ótima saúde e florescente – não apenas no Japão, mas também na América do Norte. Ao longo da última década, a Toyota (uma empresa de $160 bilhões) e a Honda ($75 bilhões) formaram notáveis parcerias com alguns dos fornecedores que estavam envolvidos em disputas com as Big Three e criaram modernos keiretsu no Canadá, nos Estados Unidos e no México. As duas empresas japonesas trabalham em estreita colaboração com seus fornecedores nessas regiões. Dos 2,1 milhões de veículos Toyota/Lexus e do 1,6 milhão de veículos Honda/Acura vendidos na América do Norte em 2003, a Toyota fabricou 60%, e a Honda, 80%. Além disso, as duas empresas terceirizaram de 70% a 80% dos custos de fabricação de cada automóvel para fornecedores norte-americanos. Apesar de aparentemente improvável, a Toyota e a Honda conseguiram replicar, em uma cultura ocidental estranha, o mesmo tipo de rede de fornecedores de que dispõem no Japão. Conseqüentemente, elas cultivam as melhores relações com fornecedores no mercado automobilístico americano, praticam os mais rápidos processos de desenvolvimento de produtos, reduzem custos e melhoram a qualidade ano após ano. Considere as evidências:

- Em 2003, quando a Planning Perspective, uma empresa de pesquisa sediada em Birmingham, Michigan, conduziu a Pesquisa OEM Benchmark, uma das principais mensurações das relações fabricantes-fornecedores da indústria automobilística americana, ela apontou a Toyota e a Honda como as empresas com quem os fornecedores preferem trabalhar. Em 17 categorias, que iam desde confiança até oportunidade percebida, as duas montadoras japonesas lideraram. Foram seguidas pela Nissan, enquanto Chrysler, Ford e GM ficaram em distantes quarto, quinto e sexto lugares. Os fornecedores disseram especificamente que, em relação às outras, a Toyota e a Honda se comunicavam melhor, que mereciam maior grau de confiança e que estavam mais preocupadas com a lucratividade de seus fornecedores.
- Enquanto as montadoras americanas levam de dois a três anos para lançar modelos novos, a Toyota e a Honda têm

se mostrado consistentemente capazes de fazer o mesmo em apenas 12 a 18 meses. No ano passado, um estudo da J.D. Power and Associates mostrou que os fornecedores classificaram a Toyota entre as melhores, e a Honda, acima da média em termos de promover inovações. O estudo descobriu que Chrysler, Ford e GM estavam abaixo da média no mesmo quesito.

- Segundo diversos estudos acadêmicos, a Toyota e a Honda reduziram os custos de produção dos modelos Camry e Acord em cerca de 25% durante os anos 90, o que não impediu que elas continuassem aparecendo no topo dos levantamentos efetuados pela J.D. Power and Associates e pela revista *Consumer Reports* em termos de qualidade inicial e durabilidade de longo prazo. Em comparação com a Chrysler, a Ford e a GM, elas produziram os automóveis mais confiáveis e tiveram o menor número de veículos envolvidos em recalls nos Estados Unidos nos últimos 10 anos.

Como será que a Toyota e a Honda fazem a coisa tão certa, enquanto suas concorrentes fazem tudo errado? Estudamos a indústria automobilística dos Estados Unidos e do Japão há mais de duas décadas. Entre 1999 e 2002, entrevistamos mais de 50 gerentes das duas empresas japonesas, em seu país de origem e nos Estados Unidos, vários executivos que haviam trabalhado em suas subsidiárias americanas e gerentes de mais de 40 de seus fornecedores na indústria automobilística americana. Além disso, visitamos as fábricas da Toyota e da Honda nos Estados Unidos, fábricas e centros técnicos de fornecedores, o Centro Técnico Toyota, em Ann Arbor, Michigan, e o Centro de Compras da Honda of America, em Marysville, Ohio. Nossa pesquisa demonstra que a Toyota e a Honda desenvolveram parcerias com seus fornecedores americanos seguindo abordagens semelhantes.

Amor bruto

Quando a Toyota e a Honda montaram operações de montagem de veículos na América do Norte nos anos 80, estas começaram encorajando a criação de algumas *joint-ventures* entre seus fornecedores japoneses e empresas americanas. Mais tarde, selecionaram empresas locais com potencial para serem transformadas em fornecedoras e começaram fazendo-lhes pequenas encomendas, esperando que atingissem determinados parâmetros de custo, qualidade e entrega. As empresas que passavam por essa etapa eram recompensadas com contratos maiores e, além disso, recebiam aulas de como fazer negócios. (Para saber mais sobre esse assunto, ver o livro de Jeffrey K. Liker, *The Toyota Way: 14 Management Principles from the World's Greatest Manufacturer* e também *Powered By Honda: Developing Excellence in the Global Enterprise*, de Dave Nelson, Rick Mayo e Patricia E. Moody.)

Quando comparamos os elementos do modelo de parceria da Toyota e da Honda, descobrimos que, embora as duas empresas usassem ferramentas distintas, haviam criado estruturas notavelmente semelhantes. Os experts geralmente enfatizam o uso de instrumentos como *target pricing,** mas acreditamos que a Toyota e a Honda tenham construído um ótimo relacionamento com seus fornecedores seguindo seis passos distintos: primeiro, elas entendem como funciona o trabalho de seus fornecedores. Segundo, transformam a rivalidade entre fornecedores em oportunidade. Terceiro, monitoram os fornecedores de perto. Quarto, desenvolvem as capacitações desses fornecedores. Quinto, compartilham informações intensa, mas seletivamente. E sexto, ajudam seus fornecedores a melhorarem continuamente os processos. Alguns desses passos se apóiam

---

* *Nota do Tradutor: Target pricing* é o método segundo o qual a empresa calcula o preço de venda de um produto de forma que ele produza determinada taxa de retorno sobre o investimento para um volume específico de produção.

mutuamente. Por exemplo, se alguns fabricantes acionarem controles sem criar fundamentos para que sejam claramente compreendidos, isso levará os fornecedores a adotarem um comportamento como se estivessem participando de um jogo. Portanto, organizamos os seis passos de uma forma hierárquica dentro da relação de parceria, em que um passo leva a outro. A Toyota e a Honda foram bem-sucedidas não porque usam um ou dois desses elementos, mas porque usam os seis juntos, formando um sistema. (Ver o quadro "A hierarquia na relação de parceria com fornecedores".)

A maior parte dos fornecedores acredita que a Toyota e a Honda sejam seus melhores (e mais exigentes) clientes. As duas empresas estabeleceram altos padrões e esperam o mesmo de seus parceiros, mas ajudam seus fornecedores a chegarem ao nível exigido. Claramente, a Toyota e a Honda desejam maximizar seus lucros, mas não em detrimento de seus parceiros. Como já afirmou Taiichi Ohno, criador do Sistema Toyota de Produção, "Uma empresa controladora que atinge o mais alto grau de desempenho no negócio em detrimento de seus fornecedores está indo em sentido totalmente contrário ao que prega o Sistema Toyota de Produção." A palavra-chave nessa frase é "controladora",* que sinaliza um relacionamento de longo prazo, envolvendo confiança e bem-estar mútuo. Ao mesmo tempo, o relacionamento conota disciplina e a expectativa de melhoria e crescimento. Veja, por exemplo, o programa Construção de Competitividade em Custos para o Século XXI da Toyota (CCC21), que tem por meta a redução de 30% dos preços de 170 componentes que a empresa comprará para sua próxima geração de veículos. Durante nossas entrevistas, não ouvimos dos fornecedores qualquer reclamação sobre o CCC21 sob a alega-

* *Nota do Tradutor*: O termo controladora (*parent company*) às vezes é traduzido como "empresa-mãe" (*parent*: progenitor, pai ou mãe). Nesse sentido, cabe a associação dos autores a envolvimento de longo prazo, confiança e bem-estar mútuo.

A hierarquia na relação de parceria com fornecedores

Conduzir atividades de melhoria em conjunto
- Trocar experiências de melhores práticas com os fornecedores.
- Iniciar projetos kaizen nas instalações do fornecedor.
- Formar grupos de estudo com fornecedores.

Compartilhar informações intensa, mas seletivamente
- Estabelecer momentos, lugares e agendas específicas para reuniões.
- Usar formatos rígidos para compartilhar informações.
- Ser exigente quanto à precisão dos dados coletados.
- Compartilhar informações de forma estruturada.

Desenvolver as capacitações técnicas desses fornecedores
- Desenvolver habilidades nos fornecedores para a resolução de problemas.
- Desenvolver um léxico comum.
- Lapidar a capacidade de inovação de fornecedores-chave.

Supervisionar seus fornecedores
- Enviar relatórios mensais para fornecedores-chave.
- Fornecer feedback constante e imediato.
- Envolver os gerentes seniores no processo de resolução de problemas.

Transformar a rivalidade entre fornecedores em oportunidade
- Comprar cada componente de dois ou três fornecedores.
- Criar filosofias e sistemas de produção compatíveis.
- Estabelecer joint-ventures com fornecedores para transferir conhecimento e manter o controle.

Entender como funciona o trabalho de seus fornecedores
- Conhecer o negócio dos fornecedores.
- Fazer visitas às instalações de seus fornecedores para verificar como funcionam.
- Respeitar as capacitações de seus fornecedores.
- Comprometer-se com a co-prosperidade.

ção de que seria injusto. Em vez disso, eles estavam dispostos a atingir a meta proposta pela Toyota. Eles acreditavam que a Toyota os ajudaria nesse intento, tornando seu processo de fabricação mais enxuto. Em função do amor exigente da Toyota, eles se tornariam mais competitivos – e mais lucrativos – no futuro.

Entenda como seus fornecedores trabalham

Sempre que pergunto [a executivos das Big Three] como desenvolveram seu preço target a resposta é o silêncio. Eles baseiam o preço target em nada. O gerente de finanças simplesmente reparte o dinheiro disponível: "Aqui está o que normalmente gastamos com sistemas de freio; aqui o que você irá receber este ano." Eles não têm a menor idéia de como conseguirão chegar às reduções de custo. Apenas sabem que as querem.

– Executivo sênior, fornecedor de componentes de freio para a indústria automobilística americana, fevereiro de 2002

Diferentemente da maioria das empresas que conhecemos, a Toyota e a Honda se dão ao trabalho de aprender tudo o que for possível sobre seus fornecedores. Ambas acreditam ser capazes de criar os fundamentos de uma parceria apenas se souberem tanto sobre seus fornecedores quanto os próprios fornecedores sabem sobre si próprios. Elas não economizam tempo ou dinheiro enquanto procuram entender as operações e a cultura das empresas com quem fazem negócio. A Toyota usa os termos *genchi genbutsu* ou *gemba* (local efetivo e partes ou componentes efetivos) para descrever a prática de mandar seus executivos às instalações para ver e entender por si próprios como seus fornecedores trabalham. A Honda usa uma abordagem semelhante e ambas as empresas insistem que gerentes de todos os níveis – inclusive o da presidência – estudem seus fornecedores *in loco* para entendê-los.

Esse processo pode levar algum tempo, mas geralmente se prova valioso tanto para os fornecedores quanto para os fabricantes. Em 1987, quando a Honda of America estava flertando com a idéia de usar a Atlantic Tool and Die como fornecedora de trabalhos de estamparia e de soldagem, mandou um de seus engenheiros passar um ano na sede da fornecedora em Cleveland. Durante esse tempo, esse profissional, que era um gerente intermediário, estudou o modo como a empresa funcionava, coletou dados e fatos e compartilhou, informalmente, suas descobertas com seus pares na Atlantic. Com o tempo, eles concordaram com as conclusões do engenheiro da Honda e implementaram muitas de suas sugestões, o que levou a uma sensível melhoria no chão-de-fábrica. Depois de seis meses na Atlantic, o gerente da Honda pediu aos gerentes seniores do fornecedor que lhe mostrassem a contabilidade da empresa, com o que eles relutantemente concordaram. Quando o representante da Honda terminou seu trabalho, já sabia quase tudo sobre as operações da Atlantic e sua estrutura de custos.

Esse conhecimento se provou útil quando as duas empresas começaram a trabalhar em conjunto em 1988. As empresas japonesas tradicionalmente trabalham em sentido inverso quando estabelecem preços para os componentes e serviços que compram. Em vez de seguir a prática americana de calcular custos, acrescentar uma margem de lucro e estabelecer o preço do produto, os executivos japoneses começam com o preço do produto que acreditam que o mercado possa absorver. Em seguida, calculam os custos em que podem incorrer para chegar aos lucros desejados em cada item. Essa prática permite que os executivos estabeleçam preços target: o quanto podem pagar aos fornecedores por componentes e serviços considerando o orçamento para o produto. Dessa forma, quando a Honda submeteu os preços target para as primeiras encomendas que fez à Atlantic, ambas as partes sabiam que o fornecedor teria lucro. Contudo, seria uma margem pequena porque a Honda esperava que a Atlantic, com o tempo, aumentasse sua margem de lucro mediante cortes adicionais de custos.

Um pouco de empatia gera um grande entendimento mútuo. A Atlantic assinou um contrato parcialmente porque acreditava que a Honda estava agindo corretamente ao permitir que a empresa tivesse lucro já a partir das primeiras encomendas. Em conseqüência da visita do engenheiro da Honda, o fornecedor também se sentiu confiante de que, com o auxílio da montadora, seria capaz de reduzir seus custos. Ao demonstrar sua capacidade de atender aos pedidos da Honda, a Atlantic passou a ter seu nome recomendado pela montadora para seus outros fornecedores. Assim, os negócios da Atlantic aumentaram consistentemente durante os cinco anos seguintes. É interessante observar que, mais ou menos na mesma época, a Atlantic obteve o cobiçado grau de fornecedor Spear 1 da GM. Segundo a montadora americana, esse título certamente levaria à expansão dos negócios da Atlantic, tanto junto à própria montadora quanto a seus demais fornecedores. Entretanto, logo depois dessa certificação, a GM, sem dar mais explicações, reduziu seus pedidos à Atlantic, situação que se manteve ao longo dos dois anos seguintes – e a parceria pressuposta pelo status de fornecedor Spear 1 nunca se materializou.

Transforme a rivalidade entre fornecedores em oportunidade

> *A Chrysler era nosso melhor cliente, e faríamos qualquer sacrifício por ela. Agora, nos sentimos como se fôssemos apenas um fornecedor qualquer. [Ela] nos colocou em um cesto, junto com todo mundo e hoje somos apenas mais um na multidão.*
>
> – Executivo sênior, fornecedora da Daimler-Chrysler, julho de 1999

Apesar de todos os relatos favoráveis sobre o desenvolvimento de parcerias entre fabricantes e fornecedores, os executivos ocidentais ainda acreditam que o sistema keiretsu seja, em seu cerne, ineficiente e inflexível. Eles pressupõem que, segundo esse modelo, as empresas permanecem presas a fornecedores específicos, uma prática que levaria a custos adicionais e compromissos tecnológicos. Em nossa opinião, essa é uma visão incorreta. Nem a Toyota nem a Honda dependem de um único fornecedor para qualquer coisa; ambas desenvolvem dois ou três fornecedores para cada componente ou matéria-prima que compram. Pode ser que elas não desejem ter dez fornecedores diferentes, como poderia ser o caso de empresas americanas, mas ambas incentivam a concorrência entre essas empresas já a partir do estágio de desenvolvimento do produto. Por exemplo, a Toyota pediu a diversos fornecedores norte-americanos que criassem pneus para cada um de seus programas de veículos. Então, com base nos dados dos fornecedores e em testes de estrada efetuados pela Toyota, o desempenho dos pneus foi avaliado, sendo que os melhores resultados renderam contratos para seus fabricantes. Os fornecedores selecionados assinaram acordos válidos para o ciclo de vida de cada modelo, mas se o desempenho da empresa decaísse, a Toyota teria o direito de assinar o próximo contrato com outro fornecedor. Se, depois disso, o desempenho do fornecedor melhorasse, a Toyota poderia lhe oferecer a chance de obter outro programa e reconquistar sua participação de mercado.

Existe diferença fundamental entre o modo como as empresas americanas e japonesas alimentam a rivalidade entre fornecedores. Nos Estados Unidos, os fabricantes jogam um fornecedor contra o outro e depois fazem negócio com aquele que conseguir sobreviver. A Toyota e a Honda também incentivam a concorrência entre fornecedores – especialmente quando essa rivalidade não existe –, mas apenas com o apoio de seus fornecedores atuais. Em 1988, quando a Toyota resolveu fabricar automóveis no Kentucky, escolheu, para fornecer os bancos, a Johnson Controls. Esta desejava expandir sua fábrica local, mas a montadora estipulou que ela não deveria fazê-lo, em parte porque isso exigiria um grande investimento que diminuiria a margem de lucros do fornecedor. Em vez disso, a Toyota desafiou a Johnson Controls a produzir mais bancos nas instalações existentes. À primeira vista, isso parecia impossível, mas, com a ajuda dos experts da Toyota em *lean manufacturing*,*

**Nota do Tradutor: Lean manufacturing* (produção enxuta) é uma filosofia de gestão de processos, derivada, em grande parte, do Sistema Toyota de Produção, que tem como objetivo a produção de bens com cada vez menos recursos.

o fornecedor reestruturou sua linha de montagem, diminuiu estoques e descobriu-se capaz de produzir os bancos para a montadora no espaço já existente. Essa experiência ajudou o fornecedor americano a entender que entregar os assentos just-in-time não era o suficiente; era preciso também utilizar um sistema capaz de levar a uma contínua redução dos custos e melhoria da qualidade. Essa abordagem alinharia as filosofias de operação das duas empresas.

O relacionamento entre fornecedor e fabricante não terminou aqui. Seis anos mais tarde, quando a Toyota desejava desenvolver um fornecedor adicional de bancos, ela se recusou a recorrer a outros fabricantes americanos. Em vez disso, perguntou à Johnson Controls se estaria interessada em formar uma *joint-venture* com a maior fornecedora da Toyota no Japão, a Araco, que estava planejando entrar no mercado americano. Em 1987, as duas empresas chegaram a um acordo e fundaram a Trim Masters, com cada empresa ficando com 40% dos ativos e a Toyota com os 20% restantes.

A Johnson Controls criou uma barreira de modo a permitir que a Trim Masters pudesse se tornar uma concorrente em todos os sentidos da palavra. Uma década mais tarde, a *joint-venture* havia se tornado a principal concorrente da própria Johnson Controls no negócio de assentos para automóveis. Em 2003, a Trim Master detinha 32% do negócio enquanto a Johnson Controls ficava com 56%. Em razão de seus investimentos na *joint-venture*, a Johnson Controls se beneficiou do sucesso da Trim Masters. A Toyota transformou a necessidade de criar uma concorrência entre fornecedores em uma oportunidade para reforçar seu relacionamento com um fornecedor existente.

Supervisione seus fornecedores

> *[As Big Three] são como monitores de andar: se tenho de passar deste corredor para o outro, eles me pedem para mostrar o meu passe. Você faz tudo o que pode para atingir os objetivos delas, mas elas sempre colocam barreiras pelo caminho.*
>
> – Diretor de engenharia, fornecedora das Big Three, abril de 2001

Os fornecedores com quem conversamos na Europa, nos Estados Unidos e no México entendem que as parcerias de estilo japonês são relacionamentos entre iguais. Eles interpretam erroneamente negócios do tipo ganha-ganha, acreditando que a Toyota e a Honda confiem em seus fornecedores o suficiente para deixar que façam o que quiserem. Na verdade, as duas montadoras japonesas jamais deixam de exercer o direito de supervisão, pois acreditam que o papel dos fornecedores seja vital o suficiente para justificar essa ação. Elas usam elaborados sistemas de medição para monitorar o modo como seus fornecedores trabalham, estabelecem metas para eles e supervisionam suas operações em tempo integral. Esse controle é o reverso da moeda de confiança que a Toyota e a Honda depositam em seus fornecedores.

A Honda, por exemplo, usa um boletim para monitorar seus fornecedores-chave, alguns dos quais podem ser até de segunda ou de terceira linha. Diferentemente da maioria das mil maiores empresas da revista *Fortune*, que enviam relatórios anuais ou bianuais para seus fornecedores, a Honda prepara relatórios mensais para a alta gerência de suas empresas fornecedoras. Um relatório-padrão tem seis seções: qualidade, entregas, quantidades entregues, histórico do desempenho, relatório de incidentes e comentários. A seção de relatório de incidentes tem uma subseção de qualidade e outra de entregas. A Honda usa a seção de comentários para comunicar como o fornecedor está se saindo. Já vimos comentários do tipo: “Mantenha o bom trabalho”, e

"Por favor, continue com esse esforço. Ele é bastante apreciado". A Honda também usa essa seção para chamar a atenção para os problemas, por exemplo: "Erros de etiquetagem em [quantidades e descrição do produto]. As correções do processo não foram adequadas".

A expectativa da Honda em relação a seus fornecedores é de que eles atinjam todas as suas metas em medições de qualidade e prazo de entrega, por exemplo. Se um fornecedor deixa de cumprir sua meta, a reação da empresa é imediata. No começo de 1998, um fornecedor direto deixou de cumprir uma meta de entrega on-time. Em poucas horas, após o não-cumprimento do prazo, o fornecedor foi submetido a um intenso escrutínio por parte da Honda. Ele teve de explicar que providências seriam tomadas para descobrir as causas, em quanto tempo o problema seria resolvido e as possíveis medidas que seriam implementadas para corrigir a situação. Até que isso fosse feito, o fornecedor teve de prometer acrescentar turnos extras, às suas expensas, para tornar as entregas mais ágeis. Tanto a Toyota quanto a Honda ensinam os fornecedores a levar cada problema a sério e a usar metodologias solucionadoras que revelem a raiz das causas. Se os fornecedores forem incapazes de descobri-las, as montadoras enviam equipes, de imediato, para ajudá-los. Os engenheiros das montadoras facilitarão o processo de levantamento de causas, mas são os engenheiros do fornecedor que devem executar as mudanças necessárias.

Em contraste com a maioria das empresas americanas, a Toyota e a Honda têm a expectativa de que os gerentes seniores de seus fornecedores se envolvam sempre que surgir algum problema. Por exemplo, em 1997, quando um fornecedor norte-americano teve um problema relacionado à qualidade do design do produto, o vice-presidente do Centro Técnico da Toyota imediatamente convidou seu equivalente hierárquico para uma reunião, a fim de discutir a questão. Quando o executivo chegou, ficou claro que ele não entendia o problema nem suas causas.

"Não desço a esse nível de detalhe", disse. Contudo, se desculpou pelo problema e assegurou a seu colega que o resolveria. No entanto, esse nível de envolvimento não era suficiente para os gerentes da Toyota. O vice-presidente do Centro Técnico pediu ao executivo americano para verificar pessoalmente quais eram os problemas e que retornasse, quando estivesse inteiramente a par do assunto, para discutirem as soluções. Mais ou menos na mesma época, a Toyota teve um problema com as bobinas fornecidas pela Yazaki Corporation. O presidente da fornecedora pegou um avião para a fábrica, em Georgetown, Kentucky, e passou algum tempo no chão-de-fábrica para verificar como os operários da Toyota montavam as bobinas. Somente depois que o executivo entendeu pessoalmente a situação, a Yazaki apresentou à Toyota as providências que já tinha tomado para resolver o problema.

Desenvolva capacitações técnicas compatíveis

> *[O termo] "desenvolvimento de fornecedores" dá a impressão de que os fornecedores precisam ser desenvolvidos. A realidade é que nós, fornecedores, geralmente desenvolvemos os empregados [da indústria automobilística americana]. Eles vêm aqui e tentam nos ensinar com mão de ferro como administrar o nosso negócio. Então, temos de lhes dar treinamento sobre o que fazemos!*
>
> – Diretor executivo, fornecedor de uma das Big Three, agosto de 1999

A idéia de terceirizar a produção de componentes a partir de países asiáticos com baixo custo de mão-de-obra fascina as empresas ocidentais. Muitos fabricantes americanos de automóveis e seus fornecedores estabeleceram metas multibilionárias para adquirir componentes da China como se isso fosse, por si só, uma façanha. Isso levanta uma questão: Por que a Toyota e a Honda também mudaram para fornecedores chineses e indianos? De acordo com nossa pesquisa, nenhuma das duas montadoras tem um número significativo de fornecedores nesses países, principalmente porque as empresas locais lhes oferecem vantagens apenas de custos de mão-de-obra. Isso não é suficiente para a Toyota e a Honda, que acreditam que a capacidade de inovação de seus fornecedores seja mais importante que os custos de mão-de-obra.

A Toyota e a Honda investiram pesadamente na melhoria da capacidade de seus fornecedores diretos desenvolverem produtos. Enquanto fornecedores de longa data, como Denso, Aisin e Araco, são capazes de conceber, de forma independente, o design de componentes para a indústria automobilística, os fornecedores americanos ainda não conhecem as montadoras suficientemente para fazerem o mesmo. Por exemplo, pneus são um item crucial para conforto, segurança, dirigibilidade e nível de ruído de um veículo, mas os fornecedores americanos reclamam de que a Toyota e a Honda lhes dão especificações vagas para novos pneus. A Honda não determina o nível de resistência que ela espera; dirá apenas que o pneu terá de "parecer" certo – uma característica difícil de quantificar – e que será ajustado à medida que o design do veículo for sendo feito. Os engenheiros da Toyota desenvolveram um vocabulário especial para descrever o efeito dos pneus nos passageiros. Por exemplo, eles usam *gotsu gotsu* para se referir aos movimentos de baixa freqüência e de alto impacto que os pneus transmitem à região lombar dos passageiros e *buru buru* para descrever as vibrações de alta freqüência e de baixo impacto que são sentidas no estômago. Os engenheiros da Toyota têm a expectativa de que os fornecedores entendam o que querem dizer e que identifiquem as soluções dos problemas que descrevem. Até que os fornecedores aprendam a entender essa terminologia, usada pelas duas montadoras japonesas, e que sejam capazes de traduzir essas exigências vagas em soluções de design, não conseguem desenvolver novos produtos para elas.

Foi por isso que ambas as empresas criaram programas de engenheiros convidados, em que fornecedores diretos enviam vários de seus engenheiros responsáveis pelo design de componentes aos escritórios das duas montadoras, onde trabalham lado a lado com os engenheiros da empresa controladora durante dois ou três anos. Eventualmente os engenheiros dos fornecedores entenderão o processo de desenvolvimento e ficarão aptos a criar soluções de design para a Toyota e a Honda. Enquanto isso, as montadoras ajudam os fornecedores estabelecendo links de apredizado, por meio da movimentação de empregados ou mediante o lançamento de projetos de desenvolvimento de produtos transnacionais. Por exemplo, como a Toyota trabalha com a Denso no Japão, as transferências de tecnologia e know-how ocorrem das operações da empresa no país para o seu Centro Técnico em Michigan. Então, a Denso e o Centro Técnico trabalham juntos para desenvolver componentes nos Estados Unidos.

A Toyota e a Honda criaram também checklists com centenas de características mensuráveis para cada componente. Os fornecedores americanos geralmente não dispõem dos dados exigidos pelas montadoras japonesas pelo fato de as outras montadoras não lhes pedir isso. A Toyota e a Honda iniciam o processo de desenvolvimento de produtos com os fornecedores na linha de montagem ensinando-os a colecionar dados. Por exemplo, a Toyota tem a expectativa de receber dados precisos sobre as tolerâncias que os equipamentos do fornecedor podem suportar para que possa fazer o design apropriado de seus produtos. Um de seus fornecedores americanos não dispunha dessa informação relativa a um componente porque, durante décadas, jamais mediu esses parâmetros. Quando a Toyota descobriu isso, ajudou o fornecedor a montar um sistema de coleta de dados antes que ambas as empresas pudessem estudar um modo de melhorar os processos. Obviamente, à medida que os fornecedores desenvolvem as capacitações que atendam às exigências dos japoneses em relação a dados e design, eles se tornam mais valiosos do que fornecedores de baixos custos sem essas capacitações.

Compartilhe informações intensa, mas seletivamente

> *Existe um risco em treinar [engenheiros da Chrysler]. Nosso pessoal é extremamente aberto e, assim, não guardará segredos para nossos clientes. Eles não sabem que, mais tarde, os engenheiros da Chrysler usarão isso contra nós: "Fulano de tal disse que você pode fazer isso em uma semana" [e coisas desse tipo].*
>
> – Diretor de engenharia, fornecedor da Chrysler, agosto de 1999

Quando a Chrysler tentou montar um keiretsu americano no começo dos anos 90 (ver Jefferey H. Dyer, "How Chrysler Created an American Keiretsu", HBR, julho-agosto, 1996), ela compartilhou enormes quantidades de dados e manteve numerosas reuniões com fornecedores. A filosofia da Chrysler parecia ser: "Se inundarmos os fornecedores com informações e mantivermos com eles uma linha de comunicação constante, eles se sentirão como parceiros." Entretanto, a Toyota e a Honda acreditam em comunicação e compartilhamento de informações com fornecedores de forma seletiva e de forma estruturada. As reuniões têm pautas, horários e locais claros e predefinidos e os formatos de troca de informações com fornecedores são rígidos. As duas japonesas sabem que compartilhar grandes quantidades de informação com todos é o mesmo que assegurar que ninguém terá a informação certa no momento necessário.

A Toyota e a Honda compartilham informações cuidadosamente quando estão desenvolvendo novos produtos junto a seus fornecedores. A Toyota, por exemplo, divide componentes em duas categorias: aqueles que os fornecedores podem, eles próprios, fazer o design e aqueles que precisam ser obrigatoriamente desenvolvidos na Toyota. A primeira categoria inclui consoles de chão, tetos solares, espelhos, maçanetas e outros pequenos componentes. Os fornecedores podem criar componentes como esses sem muita interação com os engenheiros da Toyota porque essas partes funcionam de modo relativamente independente do resto do veículo. A segunda categoria inclui as partes que interagem com a carroceria. Esses componentes devem ser desenhados em maior colaboração com os fornecedores. A Toyota insiste que eles sejam desenvolvidos em suas instalações, em estreita colaboração com seus engenheiros, pelos fornecedores. No Centro Técnico da Toyota as "oficinas de design" abrigam fornecedores que dividem o mesmo espaço e trabalham no mesmo projeto. Eles fazem o design de componentes para novos modelos usando os sistemas de CAD da Toyota. Os fornecedores devem trabalhar ali porque a Toyota lhes dá acesso a uma boa quantidade de informações com direito de propriedade e é preciso que trabalhem lado a lado com os engenheiros da montadora, especialmente nas fases iniciais de um novo projeto.

O mesmo princípio – de que inundar as pessoas com dados diminui o foco enquanto informação focada leva a resultados – se estende à estratégia. A Honda utiliza apenas uma única reunião da alta gerência, ou *jikon*, para o compartilhamento de planos com cada fornecedor. As reuniões envolvem uma equipe da Honda – geralmente dois vice-presidentes de gestão de fornecedores e diversos vice-presidentes assistentes – e outra do fornecedor. O jikon acontece em até três meses antes do fim do ano fiscal, que é quando a maioria dos fornecedores toma decisões de investimento e faz planos estratégicos. Apenas os principais fornecedores tomam parte dessas reuniões, que ocorrem em nível regional e global. A Honda convida um fornecedor de cada região para o jikon global, realizado todos os anos em Tóquio. Em 2003, a empresa realizou reuniões one-on-one com 35 fornecedores norte-americanos. As discussões não entram em assuntos operacionais e cobrem apenas questões estratégicas prioritárias. A Honda revela a seus fornecedores os tipos de produto que planeja introduzir e que tipos de mercados têm a intenção de cultivar nos anos à frente. Em seguida, a empresa discute a orientação estratégica do fornecedor em termos de tecnologia, globalização, principais investimentos (como bens de capital e expansão de fábricas) e as idéias sobre novos produtos. As reuniões também cobrem as melhorias que serão necessárias em termos de qualidade, custos e de entrega dos produtos dos fornecedores.

Promova atividades conjuntas de melhoria

> *Somos um fornecedor-modelo para a Toyota. Ela aperfeiçoa seus sistemas e nos mostra como [a implementação dessas mudanças] irá melhorar [também o nosso sistema de produção]. Tivemos conversas com um chamado expert em melhorias da área de compras de [uma das Big Three]. Ele queria ver o que estávamos fazendo, mas não tinha quase nada a contribuir.*
>
> – Diretor de vendas, fornecedor das Big Three, julho de 1999

Muitos fornecedores americanos comemoraram quando foram contemplados pela primeira vez com contratos da Honda ou da Toyota. Eles sabiam que, além dos negócios, teriam oportunidade de aprender, melhorar e reforçar sua reputação com outros clientes. Como a Toyota e a Honda são modelos de *lean management*, elas induzem melhorias gerais junto a seus fornecedores.

A Honda, por exemplo, mobilizou determinada quantidade de engenheiros para permanecer nos Estados Unidos e eles são responsáveis pela promoção de eventos de *kaizen* (melhoria contínua) nas instalações dos fornecedores. Enquanto outros fabricantes de automóveis devotam de um dia a uma semana para desenvolver fornecedores, a Honda reserva 13 semanas para seu programa de desenvolvimento, que inclui a criação de uma linha de produção modelo na fábrica do fornecedor. Os engenheiros da Honda acreditam que as metas da empresa devam se estender além da consultoria técnica. O objetivo é abrir canais de comunicação e criar relacionamentos. É por isso que os engenheiros da Honda continuam a manter contato com os fornecedores durante longo tempo depois de terem voltado para sua própria fábrica. Essa dedicação a um período de acompanhamento dá resultados: o Programa de Melhores Práticas da Honda aumentou a produtividade dos fornecedores em cerca de 50%, melhorou a qualidade em 30% e reduziu os custos em 7%. Isso não é uma ação inteiramente altruísta: os fornecedores devem compartilhar 50% de sua economia de custos com a Honda. Os custos reduzidos também se tornam parâmetros para a negociação de novos contratos. No entanto, os fornecedores também saem ganhando porque podem aplicar o que aprenderam a suas demais linhas de produção tanto para a Honda quanto para seus demais clientes, nesse caso, não precisam dividir o que economizam.

Da mesma forma, a Toyota ensina a seus fornecedores o seu famoso Sistema de Produção Toyota. A empresa também organizou *jishuken*, ou grupos de estudo, de forma a ajudar seus próprios técnicos e os de seus fornecedores a aprenderem juntos como aprimorar as operações. Os executivos e engenheiros que trabalham para a montadora e para seus fornecedores se reúnem sob a direção de um *sensei* da Toyota e vão, de fábrica em fábrica, melhorando os processos de fornecedores. Essas atividades, que, em alguns casos, são orquestradas pela Bluegrass Automotive Manufacturers Association (BAMA), constituída pelos fornecedores norte-americanos da Toyota, dão aos gerentes dos fornecedores uma dose de experiência prática com o Sistema de Produção Toyota em diferentes tipos de ambiente. Essas atividades criam também elos entre os fornecedores da Toyota, uma vez que as pessoas que participam se reúnem ao longo de todo o ano e compartilham práticas, informações e preocupações.

Além disso, a BAMA oferece apoio aos fornecedores que optarem por fazer tudo isso por conta própria. Por exemplo, em 2000, quando a fábrica de sistemas de exaustão da Tenneco, em Smithville, Tennessee, decidiu iniciar uma transformação com base no conceito de *lean manufacturing*, recorreu à BAMA para ajuda. Por meio da associação, os gerentes da empresa identificaram e visitaram algumas das melhores práticas nesse sentido praticadas por fornecedores nos Estados Unidos. Essa experiência os ajudou a desenvolver uma visão. Em seguida, os gerentes identificaram um expert em *lean manufacturing* na própria empresa e iniciaram uma transformação que levou um ano e que incluía a mudança do layout da fábrica. Até 2002, a fábrica da Tenneco já havia reduzido a mão-de-obra em 39%, melhorado a eficiência da mão-de-obra direta em 92%, eliminado $5 milhões em estoque, reduzido materiais defeituosos de 638 para 44 partes por milhão e conseguido o prêmio Toyota por desempenho de qualidade e cumprimento de prazos de entrega. A Tenneco foi uma ótima aluna, mas também teve um excelente mentor na BAMA.

O PRIMEIRO PASSO QUE TANTO A TOYOTA quanto a honda deram para criar empreendimentos de *lean manufacturing* foi desenvolver fornecedores para atender às suas necessidades na América do Norte. Uma vez que os alicerces estavam assentados, elas prosseguiram com a tarefa de conectar fornecedores estendendo esse conceito. Isso é um trabalho que ainda está em andamento. Ao estabelecer seis níveis da hierarquia de parceria entre fornecedores, as duas montadoras japonesas criaram a base sobre a qual seus fornecedores poderão aprender e melhorar continuamente. Muitos programas da Honda e da Toyota que aparentam ser apenas iniciativas de curto prazo e de redução de custos, são, na verdade, experimentos de aprendizado. Por exemplo, a Toyota vê sua iniciativa CCC21 não como um programa de redução de preços, mas como um modo de criar um ambiente desafiador que motive seus fornecedores a desenvolver ações de melhoria. Ela tem plena consciência de que, para alcançar redução de custos da ordem de 30%, os fornecedores deverão questionar cada um de seus pressupostos operacionais.

Para ser bem-sucedida, um empreendimento prolongado de *lean manufacturing* deve ter a liderança da montadora, parcerias entre ela e fornecedores, cultura de melhoria contínua e um aprendizado conjunto da empresa e de sua rede de fornecedores. É isso que a Toyota e a Honda estão, em última análise, tentando conseguir por meio da reintrodução de seu keiretsu nos Estados Unidos.

Publicado originalmente em dezembro de 2004
Reimpressão R0412G

Suprimento imediato

KASRA FERDOWS, MICHAEL A. LEWIS
E JOSE A.D. MACHUCA

Resumo Executivo

VOCÊ MANDARIA UM CAMINHÃO METADE VAZIO atravessar o continente europeu ou pagaria frete aéreo para enviar casacos para o Japão duas vezes por semana? Você retiraria produtos não vendidos das prateleiras depois de apenas duas semanas? Você faria suas fábricas funcionarem apenas durante o turno do dia? Será que essa é uma maneira eficiente de administrar cadeia de suprimentos?

Para a Zara, cadeia espanhola de vestuário, sim. Não que qualquer uma das táticas citadas seja particularmente eficaz por si só. Na verdade, elas derivam de uma abordagem holística em relação à gestão da cadeia de suprimentos que a otimiza como um todo em vez de fazer foco em partes isoladas. No processo, a Zara desafia a maior parte do senso comum existente a respeito de como cadeias de suprimentos devam ser administradas.

Diferentemente de muitos de seus concorrentes, que se apressam em terceirizar, a Zara mantém quase toda a sua produção em casa. Em vez de forçar suas fábricas a maximizar a produção, a empresa concentra seu capital na construção do aumento da capacidade. Em vez de optar pela economia de escala, a Zara fabrica e distribui produtos em pequenos lotes. Em vez de parceiros externos, a empresa gerencia ela própria toda a criação de modelos, o armazenamento, a distribuição e a logística.

O resultado é uma cadeia de suprimentos super-reativa, sofisticadamente moldada conforme o modelo de negócio da Zara. A empresa é capaz de criar o design, produzir e fornecer um novo modelo de vestuário a seus mais de 600 pontos-de-venda no mundo inteiro em meros 15 dias. Assim, nas lojas Zara, os clientes encontram sempre novos produtos – mas com suprimento limitado. Os clientes pensam: "Essa blusa verde cabe em mim e existe apenas uma na loja. Se não comprá-la agora, perderei minha chance." Essa urgência se traduz em altas margens de lucro e em um consistente crescimento de 20% ao ano em um difícil clima econômico mundial.

Algumas das práticas específicas da Zara poderão ser diretamente aplicáveis apenas em indústrias nas quais o ciclo de vida dos produtos seja bem curto. Mas a filosofia simples da empresa de obter lucros finais mediante o controle de toda a cadeia de suprimentos pode ser aplicada a qualquer indústria.

QUANDO UM ATACADISTA ALEMÃO repentinamente cancelou um grande pedido de roupas íntimas, em 1975, Amancio Ortega achou que sua recém-criada empresa de vestuário iria à falência. Todo o capital havia sido empenhado no atendimento daquele pedido. Não havia outros compradores. Em desespero, ele abriu uma loja perto de sua fábrica em La Coruña, no noroeste da Espanha, e vendeu, ele próprio, as peças. Ele deu à loja o nome de Zara.

Hoje, as 650 lojas Zara em mais de 50 países atraem clientes bem de vida em distritos de compra de luxo em várias partes do mundo e o Señor Ortega é evidentemente um dos homens mais ricos da Espanha. A empresa de artigos de vestuário que ele fundou, Inditex, tem crescido desde que ele abriu a primeira loja Zara. De 1991 a 2003, as vendas da Inditex – 70% das quais derivam da Zara – cresceram mais de 12 vezes, de €367 milhões para €4,6 bilhões, e o lucro líquido cresceu 14 vezes, de €31 milhões para €447 milhões. Em maio de 2001, um período particularmente difícil para as IPOs,* a Inditex vendeu 25% de suas ações ao público por €2,3 bilhões. Enquanto muitos de seus concorrentes apresentaram resultados financeiros sofríveis nos últimos três anos, as vendas e a receita bruta da Zara continuaram a crescer ao ritmo de 20% ao ano.

A lição aprendida por Ortega por ocasião de seus apuros foi esta: Para ser bem-sucedido, "você precisa ter cinco dedos tocando a fábrica e cinco dedos tocando o cliente." Tradução: Controle o que acontece com seu produto até que o cliente o compre. Aderindo a essa filosofia, a Zara desenvolveu uma cadeia de suprimentos de alta capacidade de resposta. A empresa é capaz de executar o design, produzir e entregar uma nova peça de vestuário, colocando-a nas prateleiras de suas lojas em todo o mundo em meros 15 dias. No mundo dos negócios de moda, em que os designers tipicamente passam meses planejando a temporada seguinte, não se tem notícia de agilidade semelhante. Como a Zara é capaz de oferecer uma larga variedade de modelos de última moda de forma rápida e em quantidades limitadas, ela consegue arrecadar 85% do preço de etiqueta cheio em suas roupas no varejo, enquanto a média da indústria gira em torno de 60% a 70%. Em conseqüência, a empresa consegue obter maior margem nas vendas do que suas concorrentes. Por exemplo, em 2001, quando a margem líquida da Inditex foi de 10,5%, a da Benetton foi 7%, a da H&M, 9,5% e a da Gap, próxima a zero.

A Zara desafia as práticas convencionais sobre o modo de administrar uma cadeia de suprimentos. Na verdade, algumas das práticas da Zara podem até parecer questionáveis – e até mesmo malucas – se olhadas individualmente. Diferentemente de tantas de suas concorrentes na área de varejo de vestuário que se apressam em terceirizar tudo, a empresa fabrica, ele própria, quase metade do que coloca no mercado. Em vez de forçar suas

---

* *Nota do Tradutor*: IPO (Initial Public Offering – Oferta Pública Inicial) é quando uma empresa coloca suas ações em bolsa pela primeira vez.

fábricas a maximizar a produção, a empresa mantém, intencionalmente, capacidade ociosa. Em vez de buscar a economia de escala, a Zara fabrica e distribui peças de vestuário em pequenos lotes. Em vez de depender de parceiros externos, a empresa gerencia, ela própria, toda a fase de design e as funções de armazenamento, distribuição e logística. Até mesmo muitos de seus procedimentos operacionais do dia-a-dia diferem do padrão. Ela exige de suas lojas no varejo o cumprimento de um rígido cronograma para colocação de pedidos e recebimento de estoque. As etiquetas de preço são afixadas aos produtos antes de serem despachados e não nas lojas. Grandes áreas são deixadas vazias em seus caríssimos pontos de venda. A empresa tolera – e até incentiva – que as lojas fiquem ocasionalmente sem estoque de determinado produto.

Nos últimos três anos, tentamos descobrir como a Zara cria e gerencia sua cadeia de suprimentos de ação instantânea. Conduzimos uma série de entrevistas com gerentes seniores na Inditex, examinamos documentos e diversas outras fontes de informação da empresa. Ficamos particularmente curiosos em verificar se a Zara havia descoberto alguma inovação revolucionária. Não encontramos nenhuma. Em vez disso, encontramos um sistema auto-reforçado construído sobre três princípios:

- **Feche o circuito da comunicação**. A cadeia de suprimentos da Zara é organizada para transferir tanto dados numéricos quanto qualitativos de forma rápida e fácil dos compradores para os designers e o pessoal de departamento de produção. Está ajustada também para rastrear materiais e produtos em tempo real a cada etapa do processo, incluindo o estoque em exposição nos pontos-de-venda. O objetivo é fechar o circuito da informação, o mais rápido e diretamente possível, entre o usuário final e as operações industriais de design, processo de compras, produção e distribuição.

- **Mantenha o ritmo ao longo de toda a cadeia**. Na Zara, o timing acelerado e a sincronia são fundamentais. Para esse fim, a empresa adota uma prática de gastar dinheiro em qualquer coisa que ajude a aumentar ou reforçar a velocidade e a capacidade de resposta da cadeia de valor como um todo.
- **Alavanque seus ativos de capital para aumentar a flexibilidade da cadeia de suprimentos**. A Zara efetuou grandes investimentos de capital em instalações de produção e distribuição, que são usadas para incrementar a capacidade de resposta da cadeia de suprimentos e ajustá-la a novas e flutuantes demandas. A empresa produz produtos complicados em suas próprias instalações e terceiriza os mais simples.

A Zara levou muitos anos para desenvolver seu sistema de alta capacidade de resposta, mas sua empresa não precisa gastar décadas acelerando o ritmo da cadeia de suprimentos. Em vez disso, você pode pegar emprestado um capítulo do manual da Zara. Algumas das práticas da empresa poderão ser diretamente aplicáveis apenas em indústrias high-tech ou outras em que o ciclo de vida dos produtos seja muito curto. Mas a filosofia simples praticada por Ortega, que consiste em extrair altos lucros mediante o controle de ponta a ponta da cadeia de suprimentos pode ser aplicada a qualquer indústria – da de papéis à de alumínio ou de equipamentos médicos. A Zara mostra aos gerentes não apenas como fazer ajustes às quixotescas demandas do consumidor, mas também como resistir a modismos gerenciais e a práticas de gestão que mudam a cada dia.

Feche o circuito

Nas lojas Zara, os clientes encontram sempre novidades – mas em quantidades limitadas. Existe um senso de exclusividade atormentadora, uma vez que apenas alguns itens estão à mostra, embora as lojas sejam espaçosas (o tamanho médio é de 1.000m^2). O cliente pensa: "Esta camisa verde cabe em mim e há apenas uma na prateleira. Se eu não comprá-la agora, perderei minha chance."

Esse conceito de varejo depende da criação e reposição rápida e consistente de pequenos lotes de novos produtos. Os designers da Zara criam aproximadamente 40 mil novos modelos anualmente, dos quais 10 mil são selecionados para produção. Alguns deles se assemelham à última moda da alta costura. Mas a Zara geralmente é mais rápida do que essas grandes casas de moda em chegar ao mercado, oferecendo quase os mesmos produtos, fabricados em tecidos menos caros e a preços muito inferiores. Como a maioria das peças vem em cinco a seis cores diferentes e em cinco a sete tamanhos, o sistema Zara deve lidar com algo em torno de 300 mil novos SKUs,* em média, anualmente.

Esse sistema "*fast fashion*" depende da constante troca de informações em todos os elos da cadeia de suprimentos da Zara – de clientes a gerentes de loja, de gerentes de loja a especialistas de mercado e designers, de designers à equipe de produção, de compradores a subcontratantes, de gerentes de estoque a distribuidores e assim por diante. A maioria das empresas insere camadas de burocracia que podem diminuir a eficácia da comunicação entre departamentos. Mas, na Zara, organização, procedimentos operacionais, medidas de desempenho e mesmo o layout dos escritórios são todos desenhados para facilitar a transferência de informações.

O único centro de produção e design central da Zara está vinculado à Inditex e tem sua sede em La Coruña. Ele consiste em três espaçosos salões – um para linhas de roupa feminina, um para homens e outro para crianças. Diferentemente da maioria

---

* *Nota do Tradutor*: SKU (Stock Keeping Unit) é um controle de estoque que representa um ou mais itens que serão vendidos juntos.

das empresas, que tentam exorcizar mão-de-obra redundante para cortar custos, a Zara faz questão de fazer as três linhas funcionarem em paralelo, embora operacionalmente separadas, com três famílias de produtos diferentes. Da mesma forma, cada uma das três tem suas próprias equipes exclusivas de design, vendas, *procurement* e planejamento da produção. Uma loja poderá receber três telefonemas diferentes de La Coruña em uma única semana de um especialista de mercado de cada uma das três linhas; uma fábrica de camisas poderá lidar simultaneamente com dois gerentes da Zara – um para a linha masculina e outro para a infantil. Embora seja mais caro operar três canais diferentes, o fluxo de informação dentro de cada canal é rápido, direto e sem a sobrecarga advinda de problemas de outros canais – o que torna a cadeia de suprimentos como um todo mais ágil.

Em cada salão, janelas do chão ao teto revelam a vista dos campos da Espanha, reforçando o senso de alegre informalidade e transparência. Diferentemente das empresas que isolam sua equipe de designers, os 200 profissionais dessa especialidade da empresa trabalham em meio ao processo de produção. Divididos entre as três linhas, esses designers, a maioria com vinte e poucos anos (contratados com base em seu entusiasmo e talento – não se permitem prima-donas), trabalham ao lado dos especialistas de mercado e planejadores de *procurement* e de produção. Grandes mesas redondas servem para a realização de reuniões de improviso. Nas paredes, escaninhos com revistas e catálogos de moda mais atuais. Uma pequena loja-protótipo foi montada em um dos cantos do ambiente de cada salão, o que incentiva as pessoas a fazerem comentários sobre os novos modelos à medida que vão sendo desenvolvidos.

A proximidade física e organizacional dos três grupos aumenta tanto a qualidade quanto a quantidade do processo de design. Os designers podem checar rápida e informalmente os rascunhos iniciais com seus colegas. Especialistas de mercado (muitos dos quais ex-gerentes de loja), que ficam em contato permanente com atuais gerentes de loja, fornecem um rápido feedback sobre o aspecto geral dos novos modelos (estilo, cor, tecido etc.) e sugerem possíveis faixas de preço no ponto de venda. Os planejadores de *procurement* e de produção fazem estimativas preliminares, mas cruciais, dos custos de manufatura e da capacidade disponível. As equipes multifuncionais podem examinar os protótipos no salão, escolher um modelo e destinar recursos para sua produção e introdução no mercado – dentro de poucas horas, se necessário.

A Zara é cuidadosa quanto ao modo como emprega as últimas ferramentas tecnológicas de informação para facilitar essas trocas informais. Computadores customizados de mão suportam a conexão entre as lojas do varejo e La Coruña. Esses PDAs aumentam o número de conversas telefônicas (geralmente semanais) entre os gerentes de loja e os especialistas de mercado que lhes dão apoio. Com os PDAs e as conversas telefônicas, as lojas transmitem todo tipo de informação para La Coruña – dados numéricos relativos a pedidos e tendências de vendas e qualitativos, como a reação dos clientes a determinado modismo. Embora qualquer empresa possa usar um PDA para se comunicar, a organização horizontal da Zara permite que importantes conversas não caiam no esquecimento através de ralos burocráticos.

Uma vez que a equipe selecione um protótipo para produção, os designers refinam cores e texturas no computador, usando um sistema CAD. Se o modelo tiver de ser produzido em uma das fábricas próprias, as especificações serão transmitidas diretamente para as máquinas de corte correspondentes e para outros sistemas. As peças são rastreadas por código de barras à medida que vão se transformando em peças de vestuário ao longo das várias etapas do processo de produção (incluindo operações de costura, geralmente efetuadas por subcontratados), distribuição e entrega para aos pontos de venda, onde o ciclo de comunicação começou.

O constante fluxo de dados atualizados mitiga o chamado "efeito chicote" – a tendência de as cadeias de suprimentos (e de todos os sistemas de informação cujo circuito não se fecha) amplificarem pequenos distúrbios. Uma pequena mudança nos pedidos de varejo, por exemplo, poderá resultar em grandes flutuações nos pedidos de fábrica quando já tiverem sido transmitidos para os atacadistas e distribuidores. Em uma indústria que, tradicionalmente, permite aos varejistas mudarem, no máximo, 20% de seus pedidos depois que a estação já tiver começado, a Zara acomoda ajustes de até 40% a 50%. Dessa forma, a empresa evita os excessos de produção e as subseqüentes vendas com descontos que prevalecem no setor.

A incansável introdução de novos produtos em pequenas quantidades, ironicamente, reduz os custos habituais relacionados ao fim dos estoques de determinado item. Efetivamente, a Zara transforma o fim dos estoques em uma virtude. Prateleiras vazias nunca fazem os clientes procurarem outra loja porque há sempre algo de novo para se escolher. Zerar o estoque de determinado item ajuda a vender outro, uma vez que as pessoas ficam sempre satisfeitas em agarrar o que puderem. Na verdade, a Zara tem uma política informal para movimentar itens não vendidos depois de duas ou três semanas. Essa pode ser uma prática cara para uma loja típica, mas como as lojas Zara recebem lotes pequenos e têm estoques reduzidos, os riscos são mínimos. Itens não vendidos correspondem a menos de 10% do estoque (comparados aos 17% a 20% do restante do setor). Além disso, a exposição de novos modelos em quantidades limitadas e as pequenas janelas de oportunidade para comprá-los motiva as pessoas a visitarem as lojas Zara com mais freqüência do que outras. Consumidores do centro de Londres, por exemplo, visitam lojas em geral a uma média de quatro vezes ao ano; já os clientes da Zara visitam os pontos de venda, em média, 17 vezes por ano. O alto tráfego nas lojas dispensa a necessidade de propaganda: a Zara canaliza apenas 0,3% de suas vendas para anúncios, bem menos que os 3% a 4% de suas concorrentes.

Mantenha o ritmo

A Zara abre mão do controle de pouquíssimos pontos de sua cadeia de suprimentos – muito menos que seus concorrentes. Ela executa o design e distribui todos os seus produtos, terceiriza uma pequena parcela de seus processos de fabricação – muito menos que suas concorrentes – e é proprietária de quase todas as suas lojas de varejo. Nem mesmo a Benetton, há muito reconhecida como pioneira no rígido controle de gestão de sua cadeia de suprimentos, chega perto do que a Zara faz. A maior parte das lojas Benetton são franquias e isso lhe dá menor controle dos estoques de varejo, além de limitar seu acesso direto à crítica etapa final da cadeia de suprimentos – os clientes. Esse grau de controle permite à Zara estabelecer o ritmo com que fluem produtos e informações. A cadeia como um todo se movimenta em um ritmo veloz, mas previsível, que se assemelha ao "*takt time*"* da Toyota para a montagem ou à "velocidade de estoque" do sistema do *procurement*, produção e distribuição da Dell. Ao controlar cuidadosamente o tempo de toda a cadeia, a Zara evita o freqüente problema de correr em uma etapa e depois esperar para começar a próxima.

O ritmo exato começa nos pontos de venda. Os gerentes de loja na Espanha e no sul da Europa colocam pedidos, duas vezes por semana, até as 15h de quarta-feira e 18h de sábado. Os prazos do resto do mundo são 15h de terça-feira e 18h de sexta-feira. Esses prazos-limite são rigidamente respeitados: se uma loja Zara em Barcelona perder o prazo de quarta-feira, terá de esperar até sábado.

O preenchimento de pedidos segue o mesmo ritmo estrito. Um galpão central em La Coruña prepara as remessas para cada loja, geralmente de madrugada. Uma vez carregados em um caminhão, as caixas e os engradados são enviados para o aeroporto

---

* *Nota do Tradutor*: *Takt time* pode ser definido como o tempo máximo permitido para se produzir um produto de forma a atender a demanda.

mais próximo ou, então, despachados via terrestre para as lojas da Europa. Todos os caminhões e vôos de carga de conexão funcionam segundo o cronograma estabelecido – da mesma forma que um serviço de ônibus – para se adequarem aos dois pedidos semanais das lojas. As encomendas chegam aos pontos-de-venda europeus em 24 horas, norte-americanos, em 48 horas e japoneses, em 72 horas. Dessa forma, os gerentes de loja sabem exatamente quando seus pedidos chegarão.

Quando os caminhões descarregam nas lojas, o ritmo acelerado não cai. Como todos os itens já foram etiquetados e apreçados e a maioria já é despachada nos cabides junto com as araras, os gerentes de loja podem colocá-los imediatamente à venda no momento em que são entregues, sem que seja necessário passá-los a ferro. A necessidade de controle nesse estágio é mínima, uma vez que as remessas têm precisão de 98,9% e as peças encolhidas equivalem a menos de 0,5% do total. Finalmente, como os clientes habituais sabem exatamente quando as novas remessas chegam às lojas, suas visitas são mais freqüentes nesses dias.

Esse ritmo incansável e transparente alinha todos os players da cadeia de suprimentos e orienta todas as decisões do dia-a-dia dos gerentes, cujo trabalho é assegurar que nada atrapalhe a capacidade de resposta do sistema como um todo. Esse ritmo também reforça a produção de peças em pequenos lotes, embora maiores quantidades reduzissem custos; valida a política da empresa de entregar duas remessas por semana, embora remessas menos freqüentes pudessem diminuir os custos de distribuição; justifica o transporte de produtos por via aérea e rodoviária, embora o uso de navios e trens diminuísse os gastos com transporte; e, finalmente, provê um raciocínio lógico para que se despachem roupas em cabides, embora dobrá-las em caixas reduzisse os custos de remessa aérea e rodoviária.

Essas práticas contra-intuitivas dão resultado. A Zara tem provado que, ao manter um ritmo estrito, é capaz de trabalhar estoques menores (cerca de 10% das vendas, comparados aos

14% a 15% da Benetton, H&M e Gap), manter margem de lucro sobre as vendas mais elevada e aumentar sua receita.

Alavanque seus ativos

Em um mercado volátil, em que o ciclo de vida dos produtos é curto, o melhor é ter menos ativos – assim reza a crença mais comum, compartilhada por muitos gerentes seniores, analistas de estoque e gurus da gestão. A Zara subverte essa lógica. Ela produz cerca de metade dos produtos que comercializa em suas próprias fábricas. Compra 40% de seus tecidos de outra empresa do grupo Inditex, a Comditel (o que representa 90% de seu faturamento). O material de tingimento também é comprado de outra empresa do grupo. Tanta integração vertical está claramente fora de moda no setor. A Gap e a H&M, por exemplo, não possuem nenhuma instalação de produção. Mas os gerentes da Zara argumentam que investir em bens de capital pode dar à empresa uma maior flexibilidade total. Ser a proprietária de ativos de produção dá à Zara um nível de controle sobre cronogramas e capacidades que, segundo seus gerentes seniores, seria impossível conseguir se a empresa fosse inteiramente dependente de fornecedores externos, especialmente aqueles localizados do outro lado do globo.

Os produtos mais simples, como suéteres em cores clássicas, são terceirizados para fornecedores na Europa, África do Norte e Ásia, mas os mais complexos, como tailleurs femininos nas cores da moda, a Zara reserva para suas próprias fábricas (18 em La Coruña, duas em Barcelona e uma na Lituânia, além de algumas *joint-ventures* em outros países). Quando a Zara produz um modelo em suas próprias confecções, ela subcontrata localmente trabalhos mais simples e os que demandam muita mão-de-obra nas etapas do processo de produção, como a costura. São pequenos núcleos, com apenas uns poucos empregados, e a Zara é a principal cliente.

A empresa pode aumentar ou diminuir a produção de determinado modelo de forma rápida e conveniente porque normalmente opera suas unidades fabris com apenas uma mudança de turno. Essas fábricas, altamente automatizadas, são capazes de operar, sempre que necessário, por horas adicionais para atender demandas sazonais ou inesperadas. Especializadas por tipo de roupa, as fábricas da Zara utilizam sofisticados sistemas just-in-time, desenvolvidos em cooperação com a Toyota, que lhe permitem customizar seus processos e explorar inovações. Por exemplo, assim como a Benetton, a Zara pratica "adiamentos" para ganhar velocidade e flexibilidade, comprando mais de 50% de seus tecidos sem tingimento, de forma que possa reagir com mais rapidez à troca de cores no meio da temporada.

Todos os produtos acabados passam pelo centro de distribuição, de 5 andares e 500.000m^2, em La Coruña, de onde são despachados aproximadamente 2,5 milhões de peças por semana. Ali, a alocação de recursos como espaço de trabalho, layout e equipamentos segue a mesma lógica que a Zara aplica a suas fábricas. Armazenar e despachar muitas de suas peças em araras, por exemplo, requer espaço adicional e elaborados equipamentos de manuseio de material. O horário de operação segue o ritmo semanal dos pedidos: em uma semana normal, o centro funciona 24 horas por dia durante quatro dias, mas funciona com apenas um ou dois turnos nos outros três dias. Geralmente, 800 pessoas preenchem os pedidos em turnos de oito horas. Entretanto, durante os picos da estação, a empresa acrescenta até 400 empregados temporários para manter os tempos de entrega.

Embora não haja problemas de espaço nesse centro de distribuição durante a maior parte do ano, a Zara investiu €100 milhões em um novo centro de logística, de 120.000m^2, em Zaragoza, em outubro de 2003. Por que a Zara é tão generosa em relação à capacidade? Os gerentes seniores da empresa seguem uma regra fundamental de modelos de fila de espera, segundo a qual o tempo de espera aumenta exponencialmente quando há pouca capacidade e a demanda é variável (ver "Para respostas rápidas, tenha capacidade extra disponível"). Ao permitir a subutilização da capacidade de suas fábricas e centros de distribuição, a Zara pode reagir à demandas de pico ou inesperadas mais rapidamente do que suas concorrentes.

Surpreendentemente, essas práticas não queimam dólares de investimento. Graças à capacidade de resposta de suas fábricas e centros de distribuição, a empresa reduziu drasticamente a necessidade de capital de giro. Como a Zara é capaz de vender seus produtos apenas alguns dias após a fabricação, ela é capaz de operar com capital de giro negativo. O dinheiro assim liberado ajuda a compensar o investimento em capacidade adicional.

Para respostas rápidas, tenha capacidade extra disponível

Os gerentes seniores da Zara parecem compreender intuitivamente a relação não-linear entre utilização da capacidade, variação da demanda e capacidade de resposta. Essa relação é bem demonstrada pela "teoria da fila de espera" – que explica que, à medida que a utilização da capacidade começa a aumentar a partir de baixos níveis, os tempos de espera aumentam gradualmente. Mas, a partir de determinado ponto, à medida que o sistema usa mais da capacidade disponível, os tempos de espera se aceleram rapidamente. À medida que a demanda se torna ainda mais variável, essa aceleração começa a níveis cada vez mais baixos da capacidade de utilização.

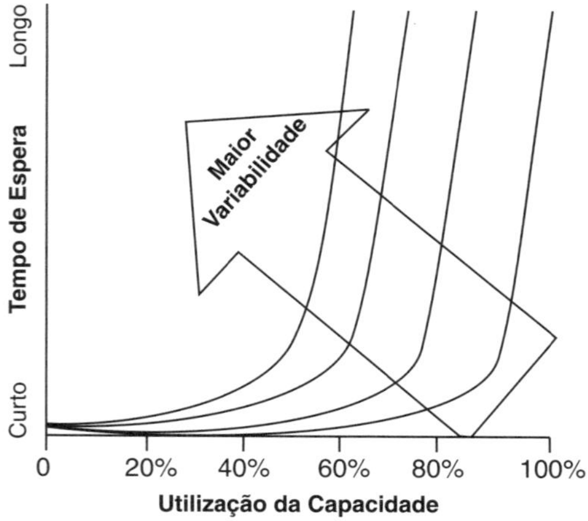

Reforçando princípios

Nenhum dos três princípios destacados – fechar o circuito da comunicação, manter o ritmo e alavancar seus ativos – é particularmente novo ou radical. Cada um deles, sozinho, poderia melhorar a capacidade de resposta da cadeia de suprimentos de qualquer empresa. Contudo, juntos, eles criam uma poderosa força porque se reforçam mutuamente. Quando uma empresa se organiza para ter uma comunicação direta, rápida e rica entre aqueles que gerenciam sua cadeia de suprimentos, fica mais fácil estabelecer um ritmo consistente. Da mesma forma, um cronograma rígido para a movimentação de bens e informações através da cadeia de suprimentos torna mais fácil a comunicação entre operadores em etapas distintas. Quando a empresa focaliza seus próprios ativos de capital na capacidade de resposta, fica mais fácil manter o ritmo. Esses princípios, disciplinadamente aplicados ao longo de vários anos, ajudam a juntar as peças do quebra-cabeça das práticas da Zara.

Talvez o maior segredo do sucesso da Zara seja sua capacidade de sustentar um ambiente que permita a otimização da cadeia de suprimentos como um todo em vez de cada etapa. Compreender todas as implicações dessa abordagem é um grande desafio. Poucos gerentes conseguem imaginar despachar um caminhão meio vazio pela Europa, pagar pelos custos de despachos de casacos pendurados em cabide por via aérea para o Japão ou operar fábricas com apenas um único turno de trabalho. Mas é essa exatamente a razão pela qual os gerentes seniores da Zara merecem crédito. Eles mantiveram o curso e resistiram ao estabelecimento de medidas de desempenho que fariam seus gerentes operacionais se concentrarem na eficiência local em detrimento da capacidade de resposta global. Eles gravaram a fogo na organização a lição aprendida por Ortega há quase 30 anos: toque as fábricas e os clientes com as duas mãos. Faça o que for possível para permitir que uma das mãos ajude a outra. E o que quer que você faça, não tire os olhos do produto até que esteja vendido.

Publicado originalmente em novembro de 2004
Reimpressão R0411G

Desafios da cadeia de suprimentos:

Construindo relacionamentos

UMA CONVERSA COM SCOTT BETH, DAVID N. BURT, WILLIAM COPACINO, CHRIS GOPAL, HAU L. LEE, ROBERT PORTER LYNCH E SANDRA MORRIS

Resumo Executivo

A GESTÃO DA CADEIA DE SUPRIMENTOS tem tudo a ver com softwares e sistemas, certo? Instalar a melhor tecnologia, relaxar e observar seus processos fluírem com perfeição e os lucros se acumularem? Aparentemente, não.

Quando a *Harvard Business Review* organizou um painel com os principais pensadores da área de gestão de cadeia de suprimentos, tecnologia não foi o assunto principal. Pessoas e relacionamentos foram os assuntos dominantes do dia. As oportunidades e os problemas criados pela globalização, por exemplo, estão exigindo que as empresas estabeleçam relacionamentos com novos tipos de fornecedores. A pressão por mais rapidez e menores custos, sempre presente, faz com que seja cada vez mais importante derrubar barreiras internas teimosamente altas e estabelecer relacionamentos multifuncionais mais eficazes.

O custo do fracasso é mais elevado do que nunca. As empresas de melhor desempenho na área de cadeia de suprimentos, ao contrário das retardatárias, estão aplicando novas tecnologias, introduzindo mais inovações e pensando sobre o processo em benefício do seu negócio obtendo excelentes ganhos em todas as variáveis que afetam o valor de suas ações em bolsa: custos, serviços aos clientes, produtividade de ativos e geração de receitas.

A distância entre as vencedoras e as perdedoras cresce em quase todos os setores.

Essa mesa-redonda reuniu muitos dos principais pensadores e executores do campo da gestão da cadeia de suprimentos, incluindo os praticantes Scott Beth, da Intuit, Sandra Morris, da Intel, e Chris Gopal, da Unisys. David Burt e Hau Lee, das universidades de San Diego e de Stanford, respectivamente, trazem as pesquisas acadêmicas mais recentes sobre o assunto. William Copacino, da Accenture, e Robert Porter Lynch, da Warren Company, contribuem com o ponto de vista de consultores. Juntos, eles abordam uma larga variedade de temas, como o desenvolvimento de talentos, o papel do CEO e as mais recentes tecnologias, explorando tanto o lado tático quanto o estratégico no estado atual da gestão da cadeia de suprimentos.

A GESTÃO DA CADEIA DE SUPRIMENTOS tem tudo a ver com softwares e sistemas, certo? Instale a melhor tecnologia, relaxe e observe seus processos fluírem com perfeição e os lucros se acumularem.

Se isso é verdade, por que será que Jeff Bezos fez uma investida nos quadros do Wal-Mart, pagando algumas das melhores remunerações do mercado para trazer as melhores cabeças com expertise em logística para a Amazon? Cadeias de suprimentos, ao que parece, na verdade precisam de talento, não tecnologia, especialmente à medida que o mercado cresce e se torna cada vez mais complexo. Mas como reunir essas pessoas e fazer com que trabalhem juntas?

Não é fácil. Quando a revista *Harvard Business Review* organizou um painel com os principais pensadores da área de gestão da cadeia de suprimentos, pessoas e relacionamentos foram as questões do dia. A criação de alianças eficazes entre empresas, por exemplo, é um assunto complicado. Gerentes de compra são recompensados por espremerem seus fornecedores a fim de obter os menores preços possíveis – uma prática que não favorece o cultivo de um relacionamento de longo prazo. Relacionamentos internos podem ser ainda mais difíceis de gerenciar, segundo um de nossos debatedores. Sabemos há muito que silos funcionais atrapalham a comunicação e a eficiência, mas muitas empresas ainda trabalham duro para derrubar as barreiras.

Nosso debate, mediado pela editora sênior da *Harvard Business Review*, Julia Kirby, explorou esses e outros obstáculos e oportunidades da mesma espécie na gestão da cadeia de suprimentos, como, por exemplo, o desenvolvimento de talentos, o papel do CEO e as mais recentes tecnologias. As poucas empresas que conseguiram furar essas barreiras estão ganhando terreno. A distância entre as empresas líderes em cadeia de suprimentos e as que apresentam desempenho médio está crescendo. A seguir, veja uma transcrição editada do que foi discutido.

JULIA KIRBY – **Suspeito que as prioridades na gestão da cadeia de suprimentos tenham mudado significativamente nos últimos dois anos por uma variedade de razões. Houve o declínio da economia global e o conseqüente excesso de capacidade do setor. Há também o terrorismo e a guerra. Portanto, gostaria de começar perguntando: Quais são as prioridades hoje? Seu foco mudou?**

CHRIS GOPAL – Uma área que é hoje bem diferente do que era há alguns anos é, obviamente, a de segurança. O governo impôs – ou está em processo de impor – novos regulamentos e exigências, particularmente para as empresas que fazem negócios no exterior, e muitas delas não estão preparadas para isso. Todos nós já ouvimos histórias de navios que ficaram retidos em grandes portos – por exemplo, em Long Beach, Califórnia – porque transportavam cargas que dispararam os alarmes.

Outra prioridade dos dias de hoje é a obtenção das ferramentas de que precisamos para criar uma estratégia de cadeia de suprimentos que tenha capacidade de resposta e de adaptação – o que é muito importante porque a maioria dessas estratégias já é obsoleta no momento em que começam a ser implementadas. A criação de uma estratégia com capacidade de adaptação começa pela modelagem da cadeia de suprimentos e por um planejamento de cenários. Isso permite que você tenha uma gestão mais eficaz do risco e que lide com as mudanças e as incertezas do mercado, o que, por sua vez, aumenta o fluxo de caixa e a retenção de clientes. Então, uma vez que sua estratégia seja executada, é preciso ser capaz de refazê-la com base em padrões e tendências derivadas de informações em tempo real. Empresas precisam de ferramentas para esse tipo de inovação contínua – e hoje não existe nenhuma.

SANDRA MORRIS – Para a Intel, uma grande mudança foi a globalização. Nossa base de clientes está mudando drasticamente, não apenas em termos do local onde eles moram, mas também de quem são e de como operam. Existe um imenso potencial na China, por exemplo, e mercados em crescimento na Rússia e na Índia. Isso induz a um tipo de exigência diferente na cadeia de suprimentos. Por exemplo, as empresas que estão montando e despachando computadores pessoais para mercados emergentes são revendedoras e distribuidoras de pequeno porte e não as típicas corporações multinacionais com as quais trabalhamos durante décadas. Suas necessidades são diferenciadas.

WILLIAM COPACINO – Se você pensar em três a cinco anos atrás, a principal questão para muitas empresas era não ficar sem estoque de peças. Hoje temos um significativo excesso de capacidade global na maioria dos setores. Portanto, uma questão-chave é o gerenciamento da base de suprimento – inclusive *sourcing* (estratégia de compra que visa a exploração de eficiências globais de produção), integração de fornecedores e gestão interna de partes.

Vejo também uma mudança de foco, do planejamento para a execução. Entretanto, pessoalmente, acredito que existam enormes oportunidades no lado do planejamento – combinando oferta e demanda. As pessoas estão perdendo oportunidades porque sua atenção, francamente, está excessivamente concentrada no nível transacional. Estamos vendo mudanças de volta para o básico – para o MES (Manufaturing Execution Systems – Sistemas de Execução de Manufatura) e WMS (Warehouse Management Systems – Sistemas de Gestão de Armazéns).

Estamos começando a testemunhar um crescente interesse na identificação de radiofreqüência (RFID) por diversas razões. O custo tanto de chips quanto de leitores-escritores está caindo rapidamente e, assim, o custo de soluções se torna mais competitivo; as capacitações estão se expandindo e há um crescimento de necessidades nas áreas de proteção a roubo e de segurança.

SCOTT BETH – Para nós, uma grande questão é o desalinhamento entre tecnologias de materiais e o ciclo de vida de produtos. Digamos que você esteja construindo produtos de instrumentação para durar de 10 a 15 anos usando componentes de semicondutores e outros materiais que poderão estar disponíveis no mercado por apenas de 18 a 36 meses até que sejam descontinuados. Essa situação me coloca diante de três alternativas: 1) devo comprar e armazenar um estoque de 13 anos de componentes – isso é uma enorme quantidade de estoque; 2) serei forçado a fazer uma hipoteca do futuro retirando engenheiros de projetos de desenvolvimento de novos produtos para fazer a reengenharia de produtos que ainda terão sobrevida no mercado; ou 3) terei de encontrar corretores ou outros que estarão dispostos a aceitar o risco de bancar componentes únicos e em processo de rápida obsolescência.

KIRBY – Estou surpresa de não ouvir ninguém falar que "há três anos o principal objetivo da gestão da cadeia de suprimentos era aumentar a velocidade e agora estamos totalmente concentrados em redução de custos". Será que isso não está acontecendo?

ROBERT PORTER LYNCH – Até certo ponto, sim. A tendência mais perturbadora que já vi, com o derretimento do mercado de ações, foi o corte de custos como reação automática. Um CFO poderá ligar para o gerente de suprimento e dizer: "Corte os custos em 15%. Precisamos elevar o nível de preço de nossas ações em bolsa." Essa reação automática está provocando efeitos extremamente negativos no varejo por toda a cadeia de suprimentos. Você começa a perceber que a redução de custos passou a ser um substituto para questões muito mais importantes relativas à obtenção de vantagens competitivas. Um princípio dos negócios é o de que, para sobreviver, você deve cortar custos, mas, para prosperar, é preciso inovar.

BETH – Estamos submetidos a uma incrível pressão para reduzir custos de material. Mas, em minha opinião, tão importante quanto isso é negociar com fornecedores que não conseguirão sobreviver a esse declínio de mercado – muitos fabricantes de componentes básicos irão à falência. Quando você depende de um parceiro em função da tecnologia única que ele tem, o que você faz quando eles avisam que vão fechar as portas dali a uma semana? Como encontrar outro fornecedor? E como prever a saúde de fornecedores para que se possa prever uma descontinuidade antes que ocorra?

HAU L. LEE – Custo é importante, e velocidade também. Contudo, eu e meus colegas estamos estudando empresas que foram extremamente bem-sucedidas no longo prazo. Descobrimos que essas empresas se saíram muito bem não porque estivessem focadas em custos ou flexibilidade ou velocidade, mas porque têm a capacidade de gerenciar transições – mudanças nas condições de mercado, evolução tecnológica, exigências diversas à medida que o produto avança em seu ciclo de vida. As empresas que conseguem se adaptar são, creio eu, aquelas que estarão aqui no longo prazo.

Nos dias de hoje, as empresas precisam ser capazes de lidar com outro tipo de transição: a gestão de crises. Empresas de sucesso são capazes de aumentar suas vendas e sua participação de mercado aproveitando momentos de crise, o que geralmente exige que trabalhem com eficácia, cruzando fronteiras funcionais. A empresa de artigos de vestuário espanhola Zara, por exemplo. Depois do 11 de setembro, que foi, naturalmente, uma época de luto, a empresa foi capaz de mobilizar seus designers, parceiros da cadeia de suprimentos e confecções para, no espaço de duas semanas, lançar uma nova linha de vestuário na cor preta. O resultado foi um incrível aumento das vendas.

Empresas como essa têm o que chamo de cadeia de suprimentos dos três As: elas têm agilidade, adaptabilidade e alinhamento. É preciso alinhar os interesses dos grupos funcionais e dos múltiplos parceiros de forma que seja possível avançar de forma harmônica.

KIRBY – Mas já faz 15 anos que sabemos que os silos funcionais obstruem o caminho. Será que essas barreiras estão sendo derrubadas?

LEE – Ainda encontro diversas grandes corporações onde cada uma das diferentes funções desconhece o que as outras fazem. Uma empresa pode ter um plano promocional ou um grande negócio prestes a se realizar e o pessoal da cadeia de suprimentos estar completamente desinformado sobre o assunto. Ou então o gerente da cadeia de suprimentos poderá planejar a quantidade de estoque que irá armazenar ou quanto investirá em capacidade e não falar nada com o pessoal de vendas e marketing. Ou então você poderá se ver em uma situação em que o pessoal de marketing e vendas esteja fazendo uma promoção de determinado produto no momento em que você estiver com o estoque correspondente quase zerado.

Existem inúmeros exemplos desse tipo de falta de conexão. O mais famoso é o exemplo da Volvo, que fabricou um excesso de carros verdes em 1995 e não conseguiu vendê-los. O pessoal de marketing e vendas secretamente começou a oferecer pesados descontos e ofertas especiais desses carros para seus revendedores e o pessoal da cadeia de suprimentos não sabia de nada disso. Quando estes viram que os carros verdes estavam vendendo, dobraram seus planos de produção para esse modelo para o ano seguinte. A Volvo tinha um monte de carros verdes para vender no fim daquele ano.

MORRIS – Criamos uma capacitação – cinco pessoas, gerentes de programas seniores capazes de enxergar horizontalmente, de forma interfuncional. Eles reúnem executivos ou gerentes seniores e atuam como facilitadores de discussões sobre as pressões relativas a metas da divisão de produtos, da rede de fornecedores e de clientes. Temos muita gente trabalhando nas profundezas de seus silos. São pessoas muito inteligentes. Portanto, reuni-las com certa regularidade para lidar com tópicos estratégicos em uma sessão facilitada por nós tem sido algo revolucionário. Esse foi provavelmente um dos melhores investimentos que fizemos.

LYNCH – Eis um argumento com base em dados: Sou o chairman emérito da Association of Alliance Professionals e fizemos uma pesquisa no ano passado, junto com nossos 800 membros, sobre as questões críticas relativas aos profissionais de alianças estratégicas no mundo inteiro. A preocupação número um não era a criação de alianças estratégicas com outras empresas, mas sim entre os silos de suas próprias empresas. Por alguma razão, esses profissionais geralmente avaliam ser mais fácil estabelecer alianças com seus maiores concorrentes do que com outros departamentos dentro de suas organizações. Nós não lidamos com a integração interna. Como será possível integrar externamente se não conseguimos fazê-lo dentro de nossa própria casa?

GOPAL – Há muito tempo, em 1980, foram realizados alguns estudos para descobrir por que os sistemas de MRP (Manufaturing Resource Planning – Planejamento de Recursos de Manufatura) fracassavam na implementação. Um dos principais motivos era esse conceito de silos – departamentos individuais com suas próprias métricas. Para ilustrar esse ponto, inventaram algo denominado O Jogo da Cerveja, em que é simulada uma repentina mudança na demanda e é preciso recolocar a cadeia de suprimentos em equilíbrio. Então, agora estou eu aqui, em 2003, ouvindo exatamente a mesma coisa e exatamente o mesmo comentário sobre o que torna esses relacionamentos bem-sucedidos. Será que alguma coisa mudou? Será que ainda estamos lidando com os mesmos problemas em roupagens diferentes?

COPACINO – Algumas empresas estão. Mas creio que houve uma tremenda dicotomia em termos de desempenho. Em quase todos os setores, a cadeia de suprimentos se tornou uma variável estratégica e competitiva muito mais importante. Ela afeta todos os pontos que afetam o valor ao acionista – custos, serviços aos clientes, produtividade de ativos e geração de receitas. No entanto, continuamos a verificar uma crescente diferença entre o desempenho de empresas líderes e o das que estão na média. As melhores empresas estão ficando ainda melhores mais rápido do que as que estão na média em quase todos os setores. Por exemplo, de 1995 a 2001, o Wal-Mart melhorou o giro de seus estoques de 5,23 para 8,34. Nesse mesmo período, seu concorrente mais próximo passou de 4,01 para um pouco mais de 5 giros de estoque – nem mesmo chegou ao ponto de onde o Wal-Mart começou. A Dell opera com 64 a 100 giros de estoque, mais do que duas a três vezes o índice de seu concorrente mais próximo. Portanto, fica claro que a lacuna entre os melhores e os outros só aumenta, e isso ocorre em quase todos os segmentos do setor.

As empresas de melhor desempenho em cadeia de suprimentos estão aplicando novas tecnologias, inovações e processos de pensamento e tirando grande vantagem disso. As empresas de médio desempenho e as retardatárias têm janelas de oportunidade limitadas para diminuir a diferença.

KIRBY – **Robert mencionou que as empresas estão tendo menos dificuldade com as alianças externas do que com as internas. Como estão evoluindo essas alianças externas?**

LYNCH – As melhores empresas que conheço estão começando a fazer uma triagem em sua cadeia de suprimentos. Em outras palavras, elas separam os fornecedores que fornecem commodities dos fornecedores preferenciais com os quais mantêm um bom relacionamento daqueles fornecedores estratégicos com quem elas formam alianças. Elas gerenciam a base de suprimento por meio daqueles três elementos diferentes e de maneira bem distinta, usando métricas, processos, pessoas e mentalidades diferentes.

BETH – Estão evoluindo, sem dúvida. Creio que, no caso da Intel, devemos determinar em que ponto desse espectro se situam os fabricantes sob contrato. Creio que exista uma relação de amor e ódio entre as OEMs e os fabricantes sob contrato.* As pessoas não confiam na política de preços que lhes é oferecida ou, então, é adotada uma abordagem do tipo "isca", em que,

---

* *Nota do Tradutor*: As OEMs (Original Equipment Manufacturer) são as empresas, como a Intel, fornecedoras de partes de marca que compõem um produto maior, vendido com a marca de outro fabricante. Fabricantes sob contrato são os fornecedores de peças sem marca (e, portanto, o consumidor desconhece quem as fabricou), que compõem um produto maior.

para que o cliente morda-a, os preços começam baixos e, em seguida, vão aumentando.

KIRBY – **David, vejo que você está concordando com essa referência à questão da confiança. Sei que esse é um assunto pelo qual você tem o maior interesse. O que poderia acrescentar?**

DAVID N. BURT – A confiança é a base da agilidade, da flexibilidade. Apesar disso, estabelecer uma relação de confiança é um incrível desafio e um desafio maior ainda mantê-la. Subjacente a esse desafio está a questão de como institucionalizar a confiança entre o comprador e o fornecedor. Tenho colegas que sustentam que uma relação de confiança somente poderá ser estabelecida entre indivíduos. Mas umas poucas almas, como Robert e eu, afirmam que é preciso institucionalizar a confiança. Precisamos fazê-la funcionar de forma que, quando seus fundadores não estiverem mais ocupando os cargos, a aliança continue. Estamos estudando esse assunto na Universidade de San Diego há mais de dez anos e ainda não chegamos a uma conclusão.

Mas isso é importante. À medida que o mundo vai ficando cada vez mais complicado, ao vender um produto, poderei estar vendendo uma solução que necessite do input de quatro ou cinco empresas diferentes. Como será que elas se relacionam umas com as outras? Se os fornecedores não confiarem uns nos outros, o cliente será lesado, comprando antes de os preços caírem e vendendo antes de os preços subirem. Além disso, a confiança permite que você tome decisões rápidas, o que o torna mais inovador e livre de tarefas improdutivas. Uma relação de confiança é uma vantagem competitiva.

BETH – Você também perde eficiências com a falta de confiança. Quando não existe confiança, as empresas duplicam atividades entre suas próprias operações e as de seus parceiros terceirizados.

É comum terceirizar uma atividade e continuar mantendo uma série de sistemas de gestão em funcionamento para verificar se determinadas tarefas estão sendo feitas.

LEE – O modo de construir confiança e de estabelecer uma relação harmoniosa é o terceiro A de minha lista dos três As: alinhamento – alinhe os interesses das várias partes de forma a manter valores e metas comuns.

Um bom exemplo de alinhamento é o do automóvel Saturn.* A fábrica reconheceu que, para prestar bons serviços em termos da experiência do consumidor final, não seria suficiente ter um bom esquema de reabastecimento e apoio aos revendedores, chamados de "varejistas" pela Saturn, que precisavam também dispor do estoque certo. Mas a Saturn entendia que os varejistas não eram necessariamente bons em matéria de planejamento e previsão de estoques. Assim, a empresa pediu a seus varejistas que assumissem a tarefa de gestão de estoques e, em troca, ofereceu-se para dividir os riscos. Se você estiver com o estoque zerado, a Saturn providencia a parte necessária de outro varejista em 24 horas. A empresa até mesmo mede o desempenho de seus empregados de acordo com o modo como atendem seus clientes, os consumidores finais.

O resultado é que a Saturn, embora concorra com automóveis de luxo, está sempre entre as três primeiras colocadas no Índice de Satisfação de Clientes da J.D. Power. Os varejistas da Saturn têm desempenho melhor em termos de gestão de estoque: em média, seus revendedores giram 7,5 vezes por ano, contra a média do setor, de 2,5. Todo mundo sai ganhando quando você tem o alinhamento certo.

GOPAL – Gostaria de acrescentar uma perspectiva ligeiramente diferente. Confiança é essencial, naturalmente, mas, antes disso,

---

* *Nota do Tradutor:* A Saturn Corporation é uma subsidiária integral da General Motors.

deve haver um processo de contratação bem feito. A confiança se baseia em fazer as coisas de maneira conjunta e alinhada ao longo de determinado período, sem a ocorrência de surpresas. No entanto, para começo de conversa, o pessoal da cadeia de suprimentos, que conhece o ambiente e os riscos potenciais, precisa se reunir com as pessoas que desenvolvem os contratos, de forma que o gerenciamento do risco – o planejamento de cenários alternativos – possa ser embutido na estratégia e no contrato. O próximo passo é a mensuração. Só se pode ter um relacionamento de confiança quando se levam em conta os riscos e ao se estabelecer um sistema de medição conjunto, com penalidades e incentivos. Ao longo do tempo, a confiança se desenvolve. Sei que Scott trabalha muito com gestão de risco, com diferentes tipos de contratos e de fornecedores, para gerar esse tipo de confiança. Scott, você tem algo a nos dizer sobre isso?

BETH – Nossas expectativas em relação a fornecedores estão mudando. Antigamente, o gerente do contrato colocava o contrato na minha frente e destacava uma redução de preços de 3% ao longo do último ano. O vetor estaria correto e essa seria minha única escolha. Assim, eu não me preocupava mais com ele. Agora, o que espero é uma série de escolhas que equilibrem preço, estoque e capacidade de resposta. Esses são os tipos de elementos de negociação com os quais preciso me preocupar.

Sobre a questão da confiança e das penalidades, nossa primeira abordagem foi impondo penalidades. Havia uma cláusula que dizia que se você não nos oferecesse determinado grau de capacidade de resposta, nós cobraríamos isso de você. Isso começou a fazer a confiança se deteriorar. Assim, decidimos criar uma conta em garantia. Se uma das partes violasse o acordo, uma quantia seria depositada nessa conta e, mais tarde, esse dinheiro seria usado para reinvestir no relacionamento – novos sistemas de informação, educação em conjunto e viagens para que as pessoas se reunissem com mais freqüência. O nível de confiança aumentou significativamente quando adotamos esse tipo de procedimento.

BURT – Esses tipos de contratos e processos são críticos. Em nosso estudo para estabelecer benchmarks, vimos que uma grande empresa de produtos de consumo comprava, por exemplo, enzimas para seus saponáceos de uma pequena empresa dinamarquesa. Existem inúmeras questões de propriedade intelectual relativas ao desenvolvimento de novas tecnologias de enzimas químicas. Assim, é natural que haja preocupação sobre o compartilhamento de idéias. As duas empresas negociaram contratos gerais com antecedência, de forma que não fosse necessário assinar novos acordos legais sempre que desenvolvessem e compartilhassem novas tecnologias. Ambas colocaram uma enorme ênfase na ética e tinham claro entendimento sobre procedimentos, ou o que era esperado de cada uma. O relacionamento era tão bom e Natalie, a gerente da cadeia de suprimentos da empresa americana, defendeu a fornecedora com tanto empenho dentro de sua própria organização que a empresa dinamarquesa batizou sua mais recente enzima com o nome Natalese, em homenagem a ela.

Portanto, o relacionamento conta, mas o processo também. As empresas tinham um processo claro que governava o modo como trabalhavam em conjunto, o que lhes permitia inovar constantemente e manter o relacionamento saudável.

MORRIS – Concordo que bons contratos sejam absolutamente essenciais, mas também já vimos que é possível desenvolver uma relação de confiança ao longo do tempo ao aumentar o acesso à informação e aos experts dentro da empresa. Esse foi particularmente o caso com nossos esforços de desenvolvimento de e-business, como o reabastecimento de fábricas. Tudo começa com um projeto-piloto, junto a um fornecedor de confiança, que cresce com o tempo e se torna o modelo-padrão de como fazemos negócios.

Já vimos o mesmo tipo de relacionamento nascer entre fornecedores quando criamos repositórios de informação para equipamentos fabricados. Quando desenvolvemos uma nova tecnologia, antes que ela fique disponível, trabalhamos por anos e anos tanto com nossos clientes quanto com nossos fornecedores, de forma que ela seja imediatamente incorporada aos produtos assim que possível. Às vezes, isso pode envolver vários fornecedores que compartilharão as informações entre si, assim como com a Intel. O processo, que começou com três ou quatro pessoas que estavam dispostas a correr o risco conosco – e se tornar nossos companheiros de jornada – agora já se tornou uma fórmula comum de trocar informações e desenvolver novos produtos.

LYNCH – Aproveitando essa idéia de compartilhamento com parceiros na cadeia de valor, existe uma avenida de inovações que está sendo completamente ignorada: as inovações produzidas por fornecedores. O Dr. Burt conduziu um estudo sobre esse assunto, creio que no ano passado. Se não me engano, as empresas que podem ser consideradas dentro da média disseram quer 35% de suas inovações vinham da cadeia de suprimentos. Agora, pergunte a si mesmo: Será que isso é o bastante? Empresas como a Toyota obtêm 60% de todas as suas inovações a partir da cadeia de suprimentos.

Vou contar uma história. Um cliente me disse: "Meu maior cliente é a Johnson & Johnson e, a cada ano, eles me propõem um corte de preços de 5% a 15%. Tenho pilhas de inovações para lhes apresentar, mas todas as vezes que pergunto ao gerente da cadeia de suprimentos: 'E as minhas inovações? Onde posso mostrá-las?', ele me responde: 'Não estou interessado nisso'. Por que não? Porque ele não é recompensado por elas. Suas recompensas são para cortes de custos."

Outro exemplo: Se observarmos o desempenho da General Motors nos anos 90, verificaremos que os custos de garantia eram maiores que os lucros. Por que esses custos eram tão altos? Em grande parte, porque a GM não estava procurando inovações na cadeia de suprimentos. Enquanto isso, a Chrysler ganhou enormes fatias de mercado porque estava levando a inovação para a cadeia de suprimentos. Portanto, a questão é: Será que valorizamos a inovação? Será que, ao menos, a mensuramos? Será que reconhecemos o impacto das inovações de fornecedores em nossa vantagem competitiva? Ou em nossos índices de satisfação de clientes?

GOPAL – Gostaria de abordar um nível mais abaixo disso tudo que você disse e dizer que as empresas que percebo como mais inovadoras na cadeia de suprimentos parecem ser aquelas que efetivamente dispõem de excelentes empregados focados nessa cadeia de suprimentos. Creio que o assunto esteja ligado às pessoas – é uma questão de foco gerencial e vontade de fazer. Michael Dell e seus executivos seniores costumavam comparecer a reuniões de ajuste de oferta/demanda. Os executivos da Dell são avaliados segundo métricas comuns a todos – eles são (ou costumavam ser) medidos pelas mesmas coisas – e isso aponta seu foco para a cadeia de suprimentos que é encarada como uma arma competitiva.

Alguém certa vez me perguntou sobre melhores práticas. Bem, conhecimento é de graça. Tudo que a Dell, o Wal-Mart e a 7-Eleven fazem está disponível em algum lugar da internet. No entanto, quantas pessoas são capazes de colocar aquilo tudo em prática? A chave da questão é colocar o sistema trabalhando em harmonia e se assegurar de que funcione – gerenciar riscos e planejar as contingências mediante o planejamento de cenários e, então, executar a estratégia e modificá-la com base em tendências em tempo real.

Alguém também me perguntou sobre piores práticas. Creio que a pior prática que possa haver seja o equacionamento da tecnologia com a cadeia de suprimentos – a idéia de que "eu compro tecnologia, logo, tenho uma ótima cadeia de suprimentos". Isso é uma bobagem. A inovação depende do que se conseguir obter das pessoas, das ferramentas e do valor que a gerência sênior lhe atribuir. Eu perguntaria a Hau: quantos estudantes da Universidade de Stanford se dedicam ao gerenciamento da cadeia de suprimentos?

KIRBY – **Acredito que muita gente tenha despertado para o componente "talento" na gestão da cadeia de suprimentos quando a Amazon, de forma visível e notória, foi buscar no Wal-Mart as pessoas para gerenciar a própria cadeia de suprimentos. Isso foi uma surpresa para aqueles que achavam que cadeia de suprimentos fosse, principalmente, uma questão de tecnologia e de quantidade de dinheiro que se investia na arquitetura de centros de distribuição etc. Na verdade, é uma questão de talento, não é, Hau?**

LEE – Concordo que as pessoas – e, em particular, os líderes – sejam parte importantíssima da gestão da cadeia de suprimentos. Toshifumi Suzuki, chairman da 7-Eleven no Japão, gasta uma manhã inteira, todas as semanas, analisando o desempenho da cadeia de suprimentos da semana anterior. Isso mostra sua paixão, seu comprometimento e seu interesse.

Em termos de nossos alunos em Stanford, as matérias sobre cadeia de suprimentos costumavam ser impopulares, mas hoje já existe maior variedade sobre o tema. Sei que meus colegas de outras universidades têm a mesma opinião. Isso se deve ao fato de termos empresas como Dell, 7-Eleven Japão e Zara contratando pessoas talentosas e lhes dando oportunidades de seguir uma excelente carreira, mostrando-lhes que a gestão da cadeia de suprimentos não é apenas se limitar àquelas quatro paredes. A diferença não está na contenção de custos, mas na inovação e na criação de valor.

KIRBY – **Scott, você também pensa assim? Sua reserva de talentos está em crescimento?**

BETH – Sim. Quando me encontro com um grupo de profissionais de *procurement*, pergunto-lhes sobre sua formação. Antigamente, eu tinha professores, corretores de imóveis, contadores, administradores de empresas, cientistas políticos, às vezes um ou dois advogados. Agora, vejo que a composição desse grupo está mudando. Já existe um maior número de profissionais que chegam com algum treinamento em cadeia de suprimentos.

KIRBY – **Então, talento é a questão-chave. Mas e a tecnologia? Será que, como acreditam alguns, ela não seria fundamental?**

BURT – Existem duas escolas de pensamento. Uma advoga que, com o software adequado, elimina-se a necessidade de pessoas. É simples assim. A outra diz que TI e outras tecnologias são possibilitadoras e, portanto, podem ser um ativo gigantesco quando se tem as pessoas certas. Contudo, se seu CEO ou CFO achar que você irá demitir um monte de gente porque a empresa comprou determinado software, tenho minhas dúvidas se esse é o lugar em que você deseja trabalhar.

MORRIS – Algumas tecnologias incríveis foram lançadas, como a RosettaNet, para PCs, nessa área da cadeia de suprimentos. Essa é uma história notável de cooperação entre concorrentes – 40 empresas se juntaram para definir processos de negócio no nível tático. Como tratar um pedido? Como tratar um retorno ao cliente? Como tratar uma notificação de remessa antecipada? De que áreas de conhecimento precisamos para estabelecer uma comunicação máquina a máquina, permitindo que um distribuidor se conecte a 35 fornecedores sem precisar criar processos de negócio ponto a ponto e que possa recuperar informação de um banco de dados diariamente?

No ano passado, fizemos cerca de 10% de nossas transações com clientes usando o padrão RosettaNet. Não creio que esse sistema possa vir a substituir totalmente o EDI, mas acredito que, com o tempo, ele se tornará o modo padrão de conexão para determinados tipos de transação. Ele é mais eficiente, não porque julgamos que com seu uso possamos diminuir o número de empregados, mas sim porque podemos retirar as pessoas da rotina do dia-a-dia de recuperar e manusear pedidos de compra que jamais deveriam ter sido manuseados e colocá-las a serviço de tarefas mais nobres e de maior valor estratégico para a empresa.

LEE – A tecnologia – tanto hardware quanto software – é, sem dúvida, crucial na gestão da cadeia de suprimentos. Mas a tecnologia é uma faca de dois gumes que tanto pode quebrar a empresa como torná-la extremamente bem-sucedida. A diferença está em como as pessoas a utilizam. A tecnologia é uma possibilitadora. Você pode transformá-la em poder e passar a receber o mesmo grau de atenção que um gerente sênior. Tudo depende de quem a usa.

COPACINO – Uma das descobertas cruciais de nossa pesquisa foi exatamente esta: as empresas mestras – aquelas que lideram o mercado – são extraordinariamente hábeis na hora de escolher as tecnologias que devem ser implementadas. As outras – empresas de desempenho médio e retardatárias – são menos seletivas e mais generalistas quando precisam decidir qual tecnologia implementar. As empresas mestras são extremamente disciplinadas quanto a essa implementação, focando no design dos processos e nas efetivas gestões de programas e de mudança.

LYNCH – Eu acrescentaria que as empresas estão muito mais conscientes hoje dessa questão tecnológica porque os casos de implementações desastradas foram tantos que quase as levaram à loucura. Agora, elas são muito mais cuidadosas para se certificar de que a implementação será feita de acordo com um plano e atenderá às necessidades da empresa. Em contraste, três ou quatro anos atrás, muitas empresas implementaram tecnologias sem maiores cuidados porque achavam que, com elas, iriam resolver todos os seus problemas.

KIRBY – **E quanto ao RFID (sistema de etiquetagem eletrônica)? Funciona? É superavaliado? Qual é a perspectiva de retorno sobre o investimento (ROI)?**

Copacino – Temos visto crescente interesse e projetos-piloto com esse sistema nos últimos seis meses. À medida que os preços baixam, com chips que hoje já custam em torno de $0,20 e, com o tempo, chegarão a $0,05, a etiquetagem eletrônica se torna cada vez mais valiosa do ponto de vista da produtividade. As faixas de preço de equipamentos leitores também estão em queda.

Estamos trabalhando ativamente em provavelmente de nove a dez aplicações, particularmente em áreas em que existem preocupações com furtos. Contudo, mais fundamentalmente, estamos vendo também melhorias mais amplas de eficiência e operação em comparação a processos, métodos e tecnologias tradicionais.

GOPAL – As aplicações estão em toda parte. O varejo é apenas uma delas. A Ford utiliza um sistema de logística em tempo real para visibilidade por meio de triangulações. Quem trabalha com contêineres utiliza o sistema para rastreamento. Acredito que, com a Operation Safe Commerce, do governo americano, esses sistemas agora terão demanda ainda maior e serão adotados por todos os setores. Cinco centavos é um bom patamar de preço para alguns setores de manufaturas pesadas. Um centavo talvez seja bom o suficiente para produtos de consumo de margens baixas. É apenas uma questão financeira e de visibilidade de ponta a ponta.

LEE – Creio que a etiquetagem eletrônica evoluirá tanto quanto o e-commerce que, quando surgiu, levou à automatização de processos e fluxos de trabalho existentes: mandar uma ordem de compra ou pagar uma fatura pela internet ou enviar um e-mail para se comunicar. Uma tecnologia foi substituindo outra mais nova de modo gradual, mas você estava fazendo o mesmo que antes.

Esse não é o maior impacto do e-commerce. Como Sandra disse, o máximo valor é obtido quando você consegue fazer coisas como colaborar com seus fornecedores, como fez a Microsoft quando usou a internet para colaborar no design do Xbox. Você pode usar o e-commerce também para modificar um processo, por exemplo, o e-commerce pode permitir que os fabricantes despachem produtos diretamente para os consumidores, evitando múltiplas etapas de canais de distribuição. É a modificação dos processos que cria mais valor.

A etiquetagem eletrônica seguirá o mesmo tipo de evolução. Hoje em dia ela é usada basicamente para rastrear. Em vez de contar fisicamente quantos itens estão nas prateleiras, a tecnologia faz isso para você de forma imediata e instantânea. Quer saber quando determinado item saiu da loja? A resposta é imediata. Isso é automatizar um processo existente que você já faz hoje manualmente. Esse é o primeiro nível, mas não o maior impacto. Creio que o máximo valor virá quando novas aplicações forem usadas com a inteligência da tecnologia. A etiquetagem eletrônica poderá criar uma cadeia de suprimentos ininterrupta quando as cargas forem equipadas com etiquetas que mostrem seu conteúdo. Dessa forma, a liberação na alfândega poderá ser feita quase automaticamente. A tecnologia poderá também aumentar a segurança da cadeia de suprimentos quando as etiquetas forem usadas para selar contêineres eletronicamente e monitorar sua movimentação, o que permitirá detectar qualquer tentativa de violação de conteúdo.

KIRBY – Tenho mais uma pergunta que abrange muito dos assuntos que conversamos aqui hoje: compartilhamento de informações com clientes e fornecedores, desenvolvimento de alianças, inovação em conjunto com fornecedores. Minha pergunta é: Quando deixaremos de falar sobre cadeia de suprimentos e começaremos a falar de cadeia de valor?

Lynch – O problema da cadeia de valor é que a maioria das pessoas nem começou realmente a pensar sobre o assunto. Ninguém ensina isso na universidade. Não existe um professor de cadeia de valor. É mais ou menos como uma aliança estratégica: ela cresce organicamente. Mas, em muitos setores, os líderes efetivamente fizeram a mudança de cadeia de suprimentos para cadeia de valor, mesmo que não a chamassem por esse nome. Veja o que o Wal-Mart fez com o Kmart. Existe ali uma história de cadeia de valor, não apenas de cadeia de suprimentos. Algumas outras empresas também são muito boas em gestão da cadeia de valor. A Southwest Airlines já a identificou desde o consumidor até o final de seu trajeto. A Dell Computer está administrando a cadeia a partir do cliente até as networks de suprimentos. O mesmo ocorre com a Harley-Davidson e com a Saturn, como nos foi demonstrado por Hau.

Farei uma previsão de que em cinco anos estaremos vivendo uma batalha de cadeias de valor. Em seguida, isso evoluirá para networks de valor.

BURT – Robert, sei que é sempre muito perigoso discordar de você, mas vou me arriscar e chamar a atenção para o fato de que nosso recém-aprovado curso de graduação em gestão da cadeia de suprimentos tem uma cadeira central de Gestão da Cadeia de Valor.

GOPAL – Minha visão é de que a cadeia de valor e a cadeia de suprimentos são quase sinônimos e estou tentando descobrir as diferenças. Se existe uma palavra em que não confio é "valor". Já fui incomodado por ela em várias situações diferentes. Estou tentando descobrir o que você quer dizer quando fala de cadeia de valor em oposição a cadeia de suprimentos. Será que existe diferença? Essa história de criação de novos termos de negócio não me convence.

COPACINO – Você está levando a discussão para o campo da semântica. O Conselho de Gestão de Logística me encomendou uma definição dos termos "cadeia de suprimentos" e "logística". Formei um comitê com seis proeminentes autoridades e não conseguimos chegar a uma única definição.

Contudo, tenho o mesmo ponto de vista externado por Chris. Acredito que uma cadeia de suprimentos, com a gestão certa, seja uma cadeia de valor. Quando você encara a questão dessa maneira, você usa a cadeia de suprimentos para gerar receitas e criar valor – não apenas para reduzir custos. É aí que se começa a ganhar vantagem competitiva.

Os debatedores (em ordem alfabética)

Scott Beth é vice-presidente de *procurement* da Intuit. Na época da mesa-redonda, ele era diretor sênior de compras do grupo de produtos eletrônicos e soluções da Agilent Technologies.

David N. Burt é professor de gestão da cadeia de suprimentos e diretor do Instituto de Gestão da Cadeia de Suprimentos da Universidade de San Diego.

William Copacino é o CEO do grupo de capacitação da Accenture Business Consulting. É autor de diversos livros sobre gestão da cadeia de suprimentos, dentre os quais *Supply Chain Management: The Basics and Beyond* (St. Lucie Press, 1997).

Chris Gopal é vice-presidente de gestão global da cadeia de suprimentos na Unisys. Anteriormente foi diretor de consultoria em cadeia de suprimentos global na Ernst & Young e um dos vice-presidentes da Dell Computer.

Hau L. Lee é Professor de Operações, Informação e Tecnologia na Universidade de Stanford, co-diretor do Fórum Global de Gestão da Cadeia de Suprimentos de Stanford e diretor do Programa de Competitividade Global para Executivos na disciplina de Gestão da Cadeia de Suprimentos.

Robert Parker Lynch é o CEO da Warren Company. É autor de *Business Alliances Guide: The Hidden Competitive Weapon* (Wiley, 1993).

Sandra Morris é uma das vice-presidentes e CIO (Chief Information Officer) da Intel, onde trabalha desde 1985. Anteriormente trabalhou no Centro de Pesquisas David Sarnoff, da RCA.

Publicado originalmente em julho de 2003
Reimpressão R0307E

A cadeia de suprimentos dos três As

HAU L. LEE

Resumo Executivo

A CONSTRUÇÃO DE UMA CADEIA DE SUPRIMENTOS FORTE é essencial para o sucesso dos negócios. Mas quando chega o momento de atualizar suas cadeias de suprimentos, poucas empresas adotam a abordagem correta. Muitas organizações trabalham no intuito de torná-las mais ágeis e com uma boa relação custo-benefício, acreditando que isso seja a chave para a obtenção de vantagem competitiva. Muito pelo contrário. As cadeias de suprimentos que se concentram em velocidade e custos tendem a se deteriorar com o tempo.

O autor passou 15 anos estudando mais de 60 empresas para obter maior compreensão desse e de outros dilemas relacionados a cadeias de suprimentos. Sua conclusão: somente as empresas que constroem cadeias de suprimentos ágeis, adaptáveis e alinhadas conseguem obter alguma vantagem sobre suas concorrentes. Todos esses três componentes são essenciais. A ausência de qualquer um deles leva as cadeias de suprimentos a se desmantelarem.

Grandes empresas criam cadeias de suprimentos capazes de reagir a mudanças abruptas do mercado. Agilidade é um fator crítico porque, na maioria dos setores, tanto a oferta quanto a demanda flutuam rápida e generalizadamente. As cadeias de suprimentos típicas se ajustam equilibrando rapidez e custos, mas as mais ágeis respondem tanto com rapidez quanto com a melhor relação custo-benefício.

Grandes empresas também adaptam seus networks de fornecedores quando ocorrem mudanças de mercado ou de estratégias. As melhores cadeias de suprimentos permitem que os gerentes identifiquem mudanças estruturais ainda em seu começo, mediante o registro dos dados mais recentes, da filtragem de ruídos e do monitoramento de padrões críticos.

Finalmente, as grandes empresas alinham os interesses de seus parceiros na cadeia de suprimentos com os seus próprios. Isso é muito importante porque qualquer empresa se preocupa unicamente com os próprios interesses. Se seus objetivos estiverem fora de alinhamento com os de seus parceiros na cadeia de suprimentos, o desempenho cairá.

Quando as empresas ouvem falar da cadeia de suprimentos dos três As, partem do princípio que sua construção demandará mais tecnologia e investimentos. Contudo, a maioria das empresas já dispõe de toda a infra-estrutura necessária para sua implementação. A simples adoção de uma nova atitude poderá fazer muita coisa acontecer.

AO LONGO DOS ÚLTIMOS QUINZE ANOS, estudei, de dentro, mais de 60 empresas-líderes que se dedicaram a construir e reconstruir cadeias de suprimentos visando fazer bens e serviços chegarem às mãos dos consumidores do modo mais rápido e barato possível. Essas empresas investiram no estado-da-arte da tecnologia e, quando isso se mostrou inadequado, contrataram talentos de primeira linha para melhorar o desempenho de suas cadeias de suprimentos. Muitas organizações também se associaram para agilizar processos, estabelecer parâmetros técnicos e investir em uma infra-estrutura que pudesse ser compartilhada. Por exemplo, no começo dos anos 90, o setor de vestuário americano deu início a uma iniciativa denominada Quick Response (Resposta Rápida), empresas de alimentos na Europa e nos Estados Unidos fundaram um programa chamado Efficient Consumer Response (Resposta Eficiente ao Consumidor) e a indústria de serviços de alimentação americana adotou o programa Efficient Foodservice Response (Resposta Eficiente em Serviços de Alimentação).

Esses programas e essas empresas, em sua totalidade, tinham o persistente objetivo de conseguir mais velocidade e melhor relação custo-benefício – o "sonho de consumo" de qualquer gerente da cadeia de suprimentos. Naturalmente, os objetivos das empresas mudaram conforme a evolução do ciclo industrial – quando os negócios estavam em seu auge, os executivos se concentravam na maior velocidade possível, quando a economia entrava em declínio, as empresas tentavam desesperadamente reduzir seus custos de suprimento.

Contudo, à medida que o tempo passou, observei um problema fundamental que a maioria das organizações e dos experts pareciam ignorar: *ceteris paribus*. As empresas cujas cadeias de suprimentos se tornaram mais eficientes e as que conseguiram a melhor relação custo-benefício não obtiveram vantagem competitiva sustentável sobre suas concorrentes. Na verdade, o desempenho daquelas cadeias de suprimentos se deteriorou consistentemente. Por exemplo, apesar da crescente eficiência da cadeia de suprimentos de várias empresas, o percentual de produtos que tiveram seus preços reduzidos nos Estados Unidos cresceu de menos de 10% em 1980 para mais de 30% em 2000. Além disso, as pesquisas demonstram que a satisfação dos consumidores com a disponibilidade de produtos caiu acentuadamente durante esse mesmo período.

Evidentemente, não foi por causa da maior eficiência de suas cadeias de suprimentos que Wal-Mart, Dell e Amazon obtiveram vantagem sobre suas rivais. Segundo minha pesquisa, as cadeias de suprimentos de desempenho superior têm três qualidades bem distintas. Em primeiro lugar, elas são ágeis. Reagem com rapidez a mudanças bruscas de demanda ou suprimento.

Segundo, elas se adaptam com o tempo à medida que as estruturas de mercado e estratégias evoluem. Terceiro, elas alinham os interesses de todas as empresas do network de suprimentos de forma que cada uma otimize o desempenho da cadeia enquanto maximiza seus interesses. Somente cadeias de suprimentos ágeis, adaptáveis e alinhadas são capazes de oferecer às empresas vantagens competitivas sustentáveis.

Os perigos da eficiência

Por que cadeias de suprimentos eficientes não foram capazes de entregar a mercadoria? Por diversas razões. Cadeias de suprimentos de alta velocidade e de baixo custo são incapazes de responder a mudanças inesperadas de demanda ou de suprimento. Muitas empresas centralizaram suas instalações de fabricação e de distribuição para gerar economias de escala e elas apenas entregam remessas de contêineres de produtos a clientes para minimizar o tempo de transporte, os custos de frete e o número de remessas. Quando a demanda por determinada marca, tamanho de embalagem ou variedade aumenta sem aviso, essas organizações são incapazes de reagir, mesmo que tenham os itens em estoque. De acordo com dois estudos que ajudei a conduzir nos anos 90, a mercadoria exigida geralmente já se encontrava nos depósitos da fábrica, empacotada e pronta para ser despachada, mas não podia ser remetida até que o contêiner estivesse cheio. A "melhor" prática atrasava as remessas por uma semana ou mais, forçando as lojas que estavam sem estoque a recusar clientes. Não surpreende, portanto, que, segundo outro estudo recente, quando as empresas anunciam promoções de produtos, haja aumento médio de 15% de pontos de venda com falta de estoque, mesmo quando os executivos preparam cadeias de suprimentos para lidar com flutuações da demanda.

Quando os fabricantes eventualmente entregam mercadoria adicional, isso resulta em excesso de estoque porque a maioria dos distribuidores não necessita de um contêiner inteiro para atender ao aumento da demanda. Para se verem livres do excesso de estoque, as empresas são obrigadas a fazer liquidações daqueles produtos antes do que haviam planejado. Isso ocorre porque as lojas de departamento vendem até um terço de suas mercadorias com desconto. Essas reduções de preço não apenas reduzem os lucros das empresas, mas também desgastam o valor de marca (*brand equity*) e enfurecem os clientes fiéis que compraram os itens pelo preço integral no passado recente (já ouviu essa história?).

A obsessão das empresas com velocidade e custos também provoca o desmantelamento da cadeia de suprimentos durante o lançamento de novos produtos. Há alguns anos, estudei uma conhecida empresa de produtos eletrônicos que decidiu não montar um estoque regulador antes do lançamento de um produto novo e inovador porque desejava manter os custos baixos, particularmente em virtude de não ter sido capaz de fazer uma previsão exata da demanda. Quando, após o lançamento do aparelho, a demanda subiu e depois caiu repentinamente, a empresa pressionou seus fornecedores a aumentarem a produção e, em seguida, diminuí-la. Quando, depois de algumas semanas, a demanda voltou a crescer, os executivos, mais uma vez, encorajaram entusiasticamente seus fornecedores a aumentarem novamente a produção. Cinco dias mais tarde, os estoques do novo produto estavam esgotados, como se alguém tivesse fechado a torneira.

Chocada, a gigante da indústria eletrônica veio a descobrir que os fornecedores haviam estado tão ocupados naquele aumenta-e-diminui da produção que não haviam tido tempo de corrigir as falhas existentes tanto na fabricação de componentes quanto na linha de montagem dos produtos. Quando os fornecedores tentaram aumentar a produção pela segunda vez, os itens defeituosos subiram a um nível inaceitável, o que levou alguns fornecedores – inclusive a montadora principal – a parar suas linhas de produção por mais de uma semana. Quando finalmente os fornecedores conseguiram resolver os problemas e reiniciar a produção, a inovação já estava praticamente liquidada. Se a empresa de eletrônicos tivesse fornecido a seus fornecedores uma programação de fabricação consistente e maior que a necessária até que a manufatura e a demanda se estabilizassem, teria tido custos iniciais de estoque mais altos, mas o produto ainda estaria nas prateleiras.

Cadeias de suprimentos eficientes geralmente deixam de ser competitivas porque não se adaptam às mudanças estruturais de mercado. Veja o caso da divisão de Sistemas de Comutadores Eletrônicos da Lucent, que montou uma cadeia de suprimentos rápida e com ótima relação custo-benefício no fim dos anos 80, mediante a centralização, em Oklahoma City, do *procurement*, montagem e testes e preenchimento de pedidos de componentes. A cadeia de suprimentos funcionou brilhantemente enquanto a maior parte da demanda por comutadores digitais se originava das Américas e enquanto os fornecedores da Lucent se localizavam principalmente nos Estados Unidos. Entretanto, nos anos 90, quando a Ásia se transformou no mercado de crescimento mais acelerado do mundo, os tempos de resposta da empresa aumentaram porque não havia instalações industriais naquela região. Além disso, a Lucent não conseguia customizar comutadores ou promover modificações em função do longo tempo e dos altos custos necessários para que a cadeia de suprimentos fosse capaz de fazer essas coisas em outro continente.

Os problemas da Lucent aumentaram quando seus fornecedores transferiram suas fábricas dos Estados Unidos para a Ásia com o intuito de se beneficiar dos custos de mão-de-obra mais baixos. "Tínhamos de mandar trazer componentes de avião da Ásia para Oklahoma City e enviá-los de volta como produtos acabados. Isso era caro e consumia tempo", disse-me o então gerente de produção da Lucent. Com ironia, acrescentou: "Nem os componentes nem o produtos se beneficiavam dos programas de milhagem das empresas aéreas." Somente quando a Lucent redesenhou sua cadeia de suprimentos, em 1996, montando *joint-ventures* em Taiwan e China, para a montagem de comutadores digitais, conseguiu ganhar terreno na Ásia.

Em muitos outros casos a conclusão foi a mesma: cadeias de suprimentos precisam ser eficientes, mas isso não é o bastante para assegurar que as empresas se saiam melhor do que suas concorrentes. Como disse, somente as empresas que construíram cadeias de suprimentos ágeis, adaptáveis e alinhadas ganham vantagem em relação à concorrência. Neste artigo, aprofundarei cada uma dessas três qualidades e explicarei como as empresas poderão trabalhá-las em suas cadeias de suprimentos sem que seja necessário abrir mão de outras coisas. Na verdade, demonstrarei que apenas duas dessas dimensões sozinhas não são suficientes. Somente as empresas que conseguem ter todas essas três qualidades em suas cadeias de suprimentos conseguem ser mais rápidas do que a concorrência. Concluirei descrevendo como a Seven-Eleven do Japão se transformou em um dos mais lucrativos empreendimentos de varejo do mundo ao montar uma cadeia de suprimentos verdadeiramente contendo os "Três As". (Ver "Construindo uma cadeia de suprimentos de três As", no fim deste artigo.)

Cultivando agilidade

Grandes empresas criam cadeias de suprimentos que respondem a mudanças de mercado repentinas e inesperadas. Agilidade é um fator crítico porque, na maioria dos setores, tanto a demanda quanto a oferta flutuam hoje mais rapidamente e de maneira mais abrangente do que costumava ocorrer no passado. A maioria das cadeias de suprimentos procura fazer ajustes na rapidez ou em seus custos, mas as empresas ágeis respondem tanto rapidamente quanto com ótima relação custo-benefício.

A maior parte das empresas continua a se concentrar na velocidade e nos custos de suas cadeias de suprimentos sem se dar conta de que pagam um alto preço por ignorar a agilidade. (Ver "A importância de ser ágil", no fim deste artigo.) Nos anos 90, sempre que a Intel lançava novos microprocessadores, a Compaq levava mais tempo do que a concorrência para introduzir a próxima geração de PCs por causa de um longo ciclo de design. A empresa perdeu mind share porque não conseguia ter adeptos no início, que geram o boca-a-boca dos produtos high-tech entre os consumidores. Pior ainda, não conseguia preços competitivos. Como seus produtos permaneciam na cadeia de suprimentos por um longo período, a empresa tinha um enorme estoque de matérias-primas. Isso significava que a Compaq não obtinha grandes benefícios quando os preços de componentes caíam e, além disso, não conseguia reduzir os preços de seus PCs tanto quanto os concorrentes. Quando fornecedores anunciavam mudanças em especificações técnicas, a Compaq incorria em maiores custos de remontagem do que a concorrência em função de seus estoques em linha de montagem. A falta de uma cadeia de suprimentos ágil levou a Compaq a perder participação de mercado ao longo de uma década.

Por outro lado, empresas inteligentes utilizam cadeias de suprimentos ágeis para se diferenciar da concorrência. Por exemplo, H&M, Mango e Zara se tornaram as marcas de vestuário mais lucrativas da Europa ao injetarem agilidade em cada estágio de suas cadeias de suprimentos. Em uma das pontas de suas pipelines de produtos,* as três empresas criaram processos de design ágeis. Assim que identificam possíveis tendências, os designers criam esboços e encomendam os tecidos. Isso lhes dá vantagem inicial sobre a concorrência porque os fornecedores de tecidos são os que precisam de mais tempo para entregar pedidos. Contudo, as empresas finalizam seus modelos e fabricam as peças de

---

* *Nota do Tradutor*: *Product pipeline* é a linha de produtos vendidos por uma empresa. Idealmente, cada um desses produtos deve se encontrar um uma fase diferente de seu ciclo de vida.

vestuário somente após receberem informações confiáveis dos pontos de venda, o que permite que produzam produtos adequados ao gosto de seus consumidores e que reduzam o número de itens que devem ser vendidos com desconto. Do lado oposto da pipeline, todas as três empresas dispõem de centros de distribuição supereficientes. Elas usam tecnologias no estado da arte para separação e manuseio de materiais, a fim de assegurar que a distribuição não se torne um gargalo na hora de responder às flutuações de demanda. A H&M, a Mango e a Zara cresceram mais de 20% ao ano desde 1990 e suas margens de lucro de dois dígitos são invejadas pelo setor.

Agilidade se tornou o fator mais crítico nos últimos anos porque os choques repentinos que ocorrem nas cadeias de suprimentos têm se tornado freqüentes. O ataque terrorista ocorrido em Nova York, em 2001, a greve dos portuários na Califórnia, em 2002, e a epidemia de SARS (pneumonia asiática), ocorrida na Ásia em 2003, por exemplo, provocaram distúrbios nas cadeias de suprimentos de várias empresas. Embora a ameaça de desastres naturais, terrorismo, guerras, epidemias e vírus de computador tenha se intensificado nos últimos anos, em parte porque as cadeias de suprimentos são globalizadas, minhas pesquisas demonstram que a maioria das cadeias é incapaz de lidar com emergências. Apenas três anos se passaram depois do 11 de Setembro, mas as empresas americanas praticamente se esqueceram da importância de preparar planos de contingência para tempos de crise.

Sem dúvida, cadeias de suprimentos ágeis se recuperam rapidamente de revezes repentinos. Em setembro de 1999, um terremoto em Taiwan atrasou, por várias semanas – em alguns casos, por vários meses –, as remessas de componentes de computadores para os Estados Unidos. A maioria dos fabricantes, como Compaq, Apple e Gateway não conseguiu entregar os produtos e teve de arcar com a ira dos clientes. Uma exceção foi a Dell, que mudou os preços das configurações de seus PCs da noite para o dia. Isso permitiu que a empresa manobrasse a demanda de clientes, evitando a encomenda de máquinas que continham os componentes indisponíveis e facilitando a compra dos computadores que não continham essas partes. A Dell foi capaz de fazer isso porque obteve os dados relativos aos danos provocados pelo terremoto com antecedência, avaliou a extensão dos problemas de seus fornecedores imediatamente e implementou os planos de contingência que já tinha prontos para usar justamente nesse tipo de emergência. Não foi surpresa que a Dell tenha ganhado participação de mercado depois do terremoto.

A Nokia e a Ericsson nos ofereceram um estudo de contrastes quando, em março de 2000, uma fábrica da Philips em Albuquerque, que fabricava chips de radiofreqüência (RF) para ambas, pegou fogo. Quando o incêndio danificou a fábrica, os gerentes da Nokia rapidamente promoveram mudanças de design de forma a permitir que outros fornecedores pudessem fabricar chips de RF semelhantes; em seguida, fizeram contatos com empresas substitutas. Dois fornecedores, um no Japão e outro nos Estados Unidos, pediram apenas cinco dias de carência para atender à demanda da Nokia. Enquanto isso, a Ericsson havia sido apanhada em meio a um processo de corte de fornecedores porque desejava diminuir custos. Ela não dispunha de um plano B e foi incapaz de encontrar novos fornecedores de chips. Durante meses após o incêndio, a Ericsson teve não apenas de diminuir a produção, mas também de retardar o lançamento de um importante produto. Conclusão: a Nokia roubou mercado da Ericsson porque dispunha de uma cadeia de suprimentos mais ágil.

As empresas poderão ganhar agilidade em suas cadeias de suprimentos ao aderirem a seis regras básicas:

- Forneça continuamente a seus parceiros dados sobre mudanças de oferta e procura de forma que eles possam reagir com rapidez. Por exemplo, a Cisco criou recentemente um e-hub (ponto central de conexão), que conecta os fornecedores e a empresa via internet. Isso permite que todas as empresas tenham acesso simultâneo aos mesmos dados de fornecimento e demanda, que identifiquem problemas de mercado imediatamente e que respondam de forma concatenada. Assegurar que não existam atrasos de repasse de informações é o primeiro passo na criação de uma cadeia de suprimentos ágil.

- Desenvolva relacionamentos colaborativos com fornecedores e clientes de forma que as empresas trabalhem juntas para elaborar o design ou o redesign de processos, componentes e produtos, assim como para elaborar planos de contingência. Por exemplo, a Taiwan Semiconductor Manufacturing Company (TSMC), a maior produtora mundial de semicondutores, oferece a clientes e fornecedores ferramentas, dados e modelos de sua propriedade para que possam executar mudanças de design ou de engenharia com rapidez e precisão.

- Elabore o design de produtos de forma que, inicialmente, tenham partes e processos comuns e que sejam substancialmente diferentes apenas ao final do processo de produção. Denomino essa atividade de "adiamento". (Ver o artigo da *Harvard Business Review*, de janeiro-fevereiro de 1997, que escrevi em conjunto com Edward Feitzinger, "Mass Customization at Hewlett-Packard: The Power of Postponement".) Esse é normalmente o melhor modo de responder rapidamente às flutuações de demanda, pois permite que as empresas acabem a montagem de seus produtos apenas quando tiverem em seu poder informações precisas sobre a preferência dos consumidores. A Xilinx, maior fabricante mundial de chips de lógica programável, atingiu a perfeição na arte do adiamento. Depois de comprar o produto básico, os clientes podem, via internet, programar os circuitos integrados da empresa para aplicações específicas. O resultado é que a Xilinx raramente se defronta com problemas de estoque.

- Mantenha um pequeno estoque de componentes de baixo custo e de pequeno tamanho, que geralmente provocam gargalos. Por exemplo, as empresas de vestuário H&M, Mango e Zara mantêm estoques de acessórios, como botões decorativos, zíperes, ganchos e fechos de pressão de forma que possam finalizar roupas mesmo com a interrupção da cadeia de suprimentos.
- Construa um sistema de logística confiável que permita à sua empresa se reagrupar rapidamente em resposta a necessidades inesperadas. As empresas não necessitam investir elas próprias em sistemas de logística para obter esse benefício. Elas podem formar alianças com fornecedores de logística terceirizados.
- Forme uma equipe que saiba quando recorrer a planos alternativos. Naturalmente, isso somente será possível se as empresas dispuserem de gerentes treinados e se tiverem preparado planos de contingência para enfrentar crises, conforme demonstrado pela Dell e pela Nokia.

Adaptando sua cadeia de suprimentos

Grandes empresas não se agarram a um mesmo network de fornecimento quando mercados e estratégias mudam. Em vez disso, essas organizações adaptam continuamente suas cadeias de suprimentos para que possam se ajustar às novas necessidades. A adaptação pode ser difícil, mas é um elemento crítico no desenvolvimento de uma cadeia de suprimentos que ofereça vantagem competitiva sustentável.

A maioria das empresas não se dá conta de que, além de se defrontar com mudanças inesperadas de oferta e procura, as cadeias de suprimentos também devem considerar as mudanças quase permanentes dos mercados. Essas mudanças estruturais geralmente ocorrem em função do progresso da economia, de mudanças políticas e sociais, tendências demográficas e avanços tecnológicos. A não ser que as empresas promovam adaptações em suas cadeias de suprimentos, não conseguirão permanecer competitivas por muito tempo. Por duas vezes, a Lucent acordou tarde demais para mudanças no setor – uma vez na primeira ascensão do mercado asiático e, depois, para as vantagens da terceirização da fabricação. (Ver "adaptação do mais apto", ao fim deste artigo.) Na primeira cochilada, a empresa conseguiu se recuperar, mas na segunda, perdeu a liderança no mercado global de telecomunicações por não ter se adaptado com a rapidez necessária.

As melhores cadeias de suprimentos são capazes de identificar mudanças estruturais – às vezes, antes que elas ocorram – capturando os dados mais recentes, eliminando ruídos e monitorando padrões críticos. Elas realocam suas fábricas, mudam fornecedores e, se possível, terceirizam a fabricação. Por exemplo, nos anos 80, quando a Hewlet-Packard começou a produzir impressoras a jato de tinta, montou suas divisões de pesquisa e desenvolvimento e de fabricação em Vancouver, no estado de Washington. A HP desejava que as equipes de desenvolvimento de produto e de produção trabalhassem juntas porque a tecnologia de jato de tinta ainda estava no início e o maior mercado de impressoras se localizava nos Estados Unidos. Quando a demanda cresceu em outras partes do mundo, a HP montou fábricas na Espanha e em Cingapura para atender à demanda da Europa e da Ásia. Embora Vancouver continuasse a ser o local onde a empresa desenvolvia novas impressoras, Cingapura se tornou a maior unidade de produção porque a empresa necessitava de economias de escala para sobreviver. Em meados dos anos 90, a HP percebeu que as tecnologias de fabricação de impressoras haviam atingido a maturidade e, dessa forma, sua produção poderia ser completamente terceirizada para produtores independentes. Ao fazer isso, a HP foi capaz de reduzir custos e se manter na liderança em um mercado altamente competitivo.

Adaptação não precisa ser necessariamente uma tática defensiva. As empresas que adaptam suas cadeias de suprimentos quando modificam estratégias geralmente obtêm sucesso no lançamento de novos produtos ou na entrada em novos mercados. Três anos atrás, quando a Microsoft resolveu entrar no mercado de videogames, decidiu terceirizar a produção de hardware com a Flextronics, localizada em Singapura. No começo de 2001, a fornecedora descobriu que o Xbox precisava chegar às lojas antes de dezembro porque a Microsoft tinha a intenção de transformar seu produto em um sucesso de vendas no Natal. A Flextronic percebeu que velocidade para chegar ao mercado e apoio técnico seriam cruciais para o lançamento bem-sucedido do produto e, assim, decidiu fabricar o Xbox no México e na Hungria, onde os custos seriam maiores, mas onde havia engenheiros disponíveis capazes de ajudar a Microsoft a promover as mudanças de design e modificar as especificações técnicas de forma mais rápida. Além disso, o México e a Hungria estavam próximos aos maiores mercados-alvo da Microsoft: Estados Unidos e Europa. A Microsoft pôde lançar o produto em tempo recorde e se constituiu em uma forte concorrente para o líder do mercado, o PlayStation 2, da Sony, que reagiu ao oferecer descontos. Ao perceber que velocidade não seria um fator tão crítico para a sobrevivência a médio prazo quanto os custos, a Flextronic transferiu a cadeia de suprimentos do Xbox para a China. A economia resultante permitiu que a Microsoft igualasse os descontos da Sony e se mantivesse competitiva. Em 2003, o Xbox já havia conseguido roubar 20% da participação de mercado de videogames do PlayStation 2.

Empresas inteligentes moldam as cadeias de suprimentos à natureza dos mercados para produtos. Geralmente acabam com mais de uma cadeia de suprimentos, o que pode sair caro, mas também conseguem melhores capacitações de manufatura e distribuição para cada produto. Por exemplo, a Cisco procura atender à demanda de produtos-padrão e de alto volume fabricados via networking mediante a contratação de fabricantes em países de baixo custo, como a China. Para produzir sua grande variedade de itens de valor médio, a Cisco usa fornecedores em países com baixos custos para construir produtos básicos que são posteriormente customizados em grandes mercados, como Estados Unidos e países da Europa. Para produtos altamente customizados, de baixo volume, a Cisco usa fornecedores próximos aos mercados importantes, como o México para os Estados Unidos e países do leste europeu, para a Europa. Embora utilize três cadeias de suprimentos distintas simultaneamente, a empresa tem o cuidado de não se tornar menos ágil. Como usa designs flexíveis e processos padronizados, a Cisco é capaz de trocar de fornecedores de produtos de uma cadeia para outra, sempre que necessário.

A Gap também usa uma estratégia de três pontas. Ela trabalha com três marcas: a Old Navy, direcionada para os consumidores preocupados com custos, a Gap, para consumidores ligados nas tendências de moda, e a Banana Republic, para consumidores que desejam roupas com maior qualidade. Para cada marca há uma cadeia de suprimentos diferente: a Old Navy usa fornecedores e fabricantes da China para garantir eficiência de custos; a cadeia da Gap se localiza na América Central, para garantir rapidez e flexibilidade; e a Banana Republic tem sua cadeia de suprimentos na Itália, a fim de manter a qualidade. Em conseqüência do uso de três cadeias de suprimentos, a empresa incorre em *overhead* mais alto, menor economia de escala em compra e manufatura e maiores custos de transporte. Entretanto, como suas marcas são dirigidas a três segmentos distintos, a Gap usa esses três diferentes tipos de networks de suprimento para manter posicionamentos diferentes. A adaptação funcionou. Muitos consumidores ignoram o fato de que a Gap é a dona das três marcas e as três cadeias de suprimentos funcionam como linhas de apoio mútuo no caso de emergências.

Às vezes é difícil para as empresas definir quais seriam os mercados mais apropriados, principalmente quando estão em processo de lançamento de produtos inovadores. O segredo é lembrar-se de que produtos incorporam diferentes níveis de tecnologia. Por exemplo, depois dos discos, vieram as fitas cassete e, depois, os CDs. As fitas de vídeo foram sucedidas pelos DVDs e quase tudo que hoje em dia é analógico logo se tornará digital. Além disso, qualquer produto está em determinado momento de seu ciclo de vida – introdução, crescimento, maturidade ou declínio. Ao mapear uma ou mais dessas características para seus parceiros da cadeia de suprimentos, network de fabricação e sistema de distribuição, as empresas poderão desenvolver as melhores cadeias de suprimentos possíveis para cada um dos produtos que oferecem ao mercado.

Por exemplo, a Toyota estava convencida de que o mercado para o Prius, um veículo híbrido introduzido no mercado americano em 2000, seria diferente daquele de outros modelos porque incorporava novas tecnologias e estava em sua fase introdutória. A montadora japonesa tinha expertise no monitoramento de tendências do mercado americano e preferências geográficas, mas sentia que seria difícil prever a resposta dos consumidores a automóveis híbridos. Além disso, o Prius poderia ser atraente para determinado segmento, como conservacionistas ou pessoas ligadas em alta tecnologia, sobre quem a Toyota tinha pouquíssimas informações. Convencida de que as incertezas eram grandes demais para que o Prius fosse alocado a revendedores tradicionais, a empresa decidiu manter seus estoques em canteiros de armazenamento centrais. Os revendedores recebiam os pedidos de clientes e comunicavam à fábrica via internet. A Toyota enviava os automóveis dos canteiros centrais e os revendedores os entregavam.

Embora os custos de transporte da Toyota tivessem aumentado, os produtos foram customizados à demanda e os estoques foram administrados de forma irrepreensível. Em 2002, por exemplo, o número de Toyotas nas ruas era 7% do total no Norte da

Califórnia e 20% no Sudeste. Contudo, a empresa vendeu 25% de seus Prius no Norte da Califórnia e apenas 6% no Sudeste. Se a montadora não tivesse adaptado seu sistema de distribuição ao produto, teria enfrentado a falta de estoque no Norte e o excesso no Sudeste, o que poderia ter levado o produto a fracassar.

A construção de uma cadeia de suprimentos adaptável requer dois componentes-chave: a capacidade de identificar tendências e a capacidade de mudar networks de fornecimento. Para identificar futuros padrões, é necessário seguir algumas diretrizes:

- Monitore mudanças da economia, especialmente no desenvolvimento de países, porque à medida que estes abrem suas economias para a concorrência global, os custos, capacitações e riscos de cadeias de suprimentos globais se modificam. Essa liberalização resulta no aumento do número de empresas especializadas e estas devem verificar periodicamente se é possível terceirizar estágios adicionais de suas operações. Contudo, antes de fazerem isso, devem se certificar de que a infra-estrutura para ligá-las aos fornecedores e clientes está funcionando. Fornecedores globais de componentes eletrônicos, como Flextronics, Solectron e Foxcom se tornaram adeptos da prática de coletar dados e adaptar suas cadeias de suprimentos.

- Decifre as necessidades de seus consumidores finais – não apenas de seus consumidores intermediários. De outra forma, você poderá se tornar vítima do "efeito chicote", que amplifica e distorce flutuações de demanda. Durante anos, os fabricantes de semicondutores responderam a previsões de clientes e criaram mercados saturados. Contudo, quando começaram a monitorar a demanda de produtos que continham chips, conseguiram resolver o problema. Por exemplo, em 2003, já não havia nem falta nem excesso de estoque de semicondutores no mercado.

Ao mesmo tempo, as empresas devem preservar a opção de alterar suas cadeias de suprimentos. Para isso, é preciso que façam duas coisas:

- Devem desenvolver novos fornecedores que complementem aqueles existentes. Quando empresas inteligentes trabalham em partes do mundo relativamente desconhecidas, para encontrar fornecedores confiáveis, usam os serviços de intermediários como a Li & Fung, uma empresa especializada na montagem de cadeia de suprimentos, com sede em Hong Kong.
- Devem assegurar-se de que as equipes de design de produtos estejam conscientes das implicações acarretadas por seu trabalho na cadeia de suprimentos. Os designers devem também estar familiarizados com os três princípios do design para cadeias de suprimentos: características comuns, o que assegura que os produtos tenham componentes comuns; adiamento, que retarda a etapa em que os produtos se tornam distintos; e padronização, que assegura que processos e componentes para produtos distintos sejam os mesmos. Esses princípios permitem que as empresas executem mudanças de engenharia sempre que for preciso adaptar cadeias de suprimentos.

Criando o alinhamento certo

Grandes empresas se preocupam em alinhar os interesses de todas as empresas de sua cadeia de suprimentos a seus próprios. Isso é um procedimento crítico porque qualquer empresa – seja fornecedora, montadora, distribuidora ou varejista – procurará sempre maximizar apenas seus próprios interesses. (Ver "O confinamento do não-alinhamento" no fim deste artigo.) Se os interesses de qualquer empresa forem diferentes daqueles das outras organizações participantes do network, suas ações não maximizarão o desempenho da cadeia de suprimentos.

Interesses desalinhados podem causar o caos, mesmo que os parceiros da cadeia de suprimentos sejam divisões de uma mesma empresa, como descobriu a HP. No fim dos anos 80, a divisão de circuitos integrados (CI) da empresa tentou manter seus estoques no menor nível possível. Em função disso, o tempo de atendimento dos pedidos de fornecimento de CIs para a divisão de impressoras a jato de tinta da HP era longo. Como a divisão não podia deixar seus clientes esperando, ela passou a ter grandes estoques de impressoras prontas para compensar a antecedência necessária para o fornecimento de componentes. Ambas as divisões estavam satisfeitas, mas, do ponto de vista da HP, teria sido bem mais barato ter estoques maiores de CI, de menor custo, e estoques menores de caras impressoras. Isso não aconteceu simplesmente porque a cadeia de suprimentos da empresa não alinhou os interesses de suas divisões com os da empresa como um todo.

A falta de alinhamento provoca o futuro fracasso de muitas práticas de cadeias de suprimentos. Por exemplo, diversas empresas de alta tecnologia, inclusive Flextronics, Solectron, Cisco e 3Com, montaram centros de distribuição de fornecedores (*supplier hubs*) próximos a suas linhas de montagem. Os fornecedores mantêm apenas estoques suficientes nos hubs – que são realimentados conforme a necessidade – para dar apoio às necessidades do fabricante. Esses sistemas de estoque gerenciados por fornecedores (EGFs) lhes permitem rastrear o consumo de componentes, reduzir os custos de transporte e – como os fornecedores podem usar os mesmos hubs para dar suporte a diversos fabricantes – ter benefícios de escala. Se esses EGFs oferecem tantas vantagens, por que será que nem sempre reduzem custos?

O problema começa pelo fato de os fornecedores serem os donos dos componentes até que entrem fisicamente nas linhas de montagem do fabricante e, portanto, representarem um custo de estoque por um período mais longo do que seria o usual no passado. Muitos fornecedores são de pequeno ou médio portes e precisam pegar dinheiro emprestado, com juros mais altos do que os grandes fabricantes, para financiar seus estoques. Assim, os fabricantes têm custos reduzidos, transferindo a propriedade dos estoques para os fornecedores, mas as cadeias de suprimentos se tornam mais caras, uma vez que os custos dos fornecedores aumentam. Na verdade, alguns sistemas de EGF criaram atritos porque os fabricantes se recusaram a compartilhar seus custos com fornecedores.

Um modo de as empresas alinharem o interesse de seus parceiros com os próprios é redefinindo os termos de seu relacionamento, de forma que as partes compartilhem riscos, custos e recompensas de maneira eqüitativa. Por exemplo, a maior gráfica do mundo, a RR Donnelley (que imprime a *Harvard Business Review*) reconheceu, no fim dos anos 90, que o desempenho de sua cadeia de suprimentos se apoiava pesadamente nos fornecedores de tinta e papel. Se a qualidade e a confiabilidade dos suprimentos melhorassem, seria possível reduzir desperdícios e fazer entregas para os clientes sem atrasos. Como muitas outras empresas, a RR Donnelley encorajou seus fornecedores a apresentarem sugestões para melhoria de processos e produtos. Para alinhar o interesse dos fornecedores com os próprios, contudo, a empresa também propôs o compartilhamento de qualquer economia obtida pelos fornecedores. Não surpreende que as melhorias implementadas pela iniciativa dos fornecedores tenham ajudado a reforçar, desde então, a cadeia de suprimentos da RR Donnelley.

Algumas vezes o processo de alinhamento envolve a participação de intermediários. No caso de EGFs, por exemplo, algumas instituições financeiras hoje compram componentes dos estoques gerenciados por fornecedores nos hubs e os revendem para os fabricantes. Todo mundo sai ganhando porque os custos de financiamento dos intermediários são mais baixos do que os custos desse tipo de fornecedores. Embora um arranjo desse tipo exija a confiança e o comprometimento dos fornecedores, intermediários financeiros e fabricantes, trata-se de um modo poderoso de alinhar interesses de empresas na cadeia de suprimentos.

A cadeia de suprimentos das peças de reposição da fábrica de automóveis Saturn é um ótimo exemplo de alinhamento incentivado que levou a resultados extraordinários. Em vez de causar azia, o sistema funciona bem porque a Saturn alinhou os interesses de todos os integrantes da cadeia de suprimentos – especialmente dos consumidores.

A Saturn aliviou as revendedoras da carga de gerenciar estoques de peças sobressalentes. A empresa usa um sistema central para tornar de responsabilidade dos revendedores as decisões de formação e renovação de estoques. Esses têm o direito de aceitar, rejeitar ou modificar as sugestões da montadora. A Saturn não apenas monitora o desempenho na entrega de partes sobressalentes para as revendas, embora seja essa sua única responsabilidade; ela também considera seus gerentes e revendedores igualmente responsáveis pela qualidade dos serviços vivenciada pelos proprietários dos veículos. Por exemplo, a empresa monitora a disponibilidade das peças nas prateleiras das revendas e usa isso como métrica. A Saturn também mensura as atividades de sua divisão de Operações de Peças Sobressalentes (OPS) de acordo com o lucro que seus revendedores obtêm a partir desses produtos e também segundo o número de pedidos de emergência requisitados por eles. Isso ocorre porque, quando um revendedor não dispõe de determinada peça, a Saturn se encarrega de obtê-la de algum outro revendedor, assumindo os custos de remessa. A divisão de OPS não pode formar excesso de estoques nas revendas porque a Saturn compartilha os custos desse excedente. Se ninguém comprar determinada peça de um revendedor no período de nove meses, a Saturn a recomprará como estoque obsoleto.

Esse tipo de alinhamento produz dois resultados. Primeiro, todos os participantes da cadeia de suprimentos buscam o mesmo objetivo: entregar o melhor serviço para os consumidores. Embora o índice de disponibilidade imediata de peças sobressalentes na indústria automobilística seja, em média, 70% a 80%, nas revendas da Saturn esse número chega a 92,5%. Na verdade, se consideradas as remessas a partir de outras revendas, a disponibilidade imediata de peças é de 94%. Além disso, o direito de decidir sobre a reposição de estoques é inteiramente da Saturn, que é quem está em melhor posição para isso. A empresa compartilha os riscos de excesso ou falta de estoques com os revendedores e, assim, tem interesse em tomar a melhor decisão possível. Conseqüentemente, o giro de estoque (uma média do grau de eficiência da gestão de estoques, que é calculada dividindo-se o custo anual de estoque vendido pelo nível médio de estoque) de partes sobressalentes dos revendedores da Saturn é de sete vezes ao ano, enquanto, com os revendedores de outras marcas, fica em torno de uma a cinco vezes ao ano.

Assim como a Saturn, empresas inteligentes criam alinhamento em suas cadeias de suprimentos de diversas maneiras. Elas começam com o alinhamento de informações, de forma que todas as empresas da cadeia de suprimentos tenham acesso igual a previsões, dados de vendas e planos. Em seguida, alinham identidades, isto é, os fabricantes devem definir os papéis e as responsabilidades de cada parceiro, de forma que não haja espaço para conflitos. Então, as empresas devem alinhar incentivos para que, quando tentem maximizar seus retornos, maximizem também o desempenho da cadeia de suprimentos. Para se certificar de que isso ocorrerá, as empresas devem tentar prever o possível comportamento dos parceiros integrantes da cadeia de suprimentos de acordo com seus incentivos atuais. As empresas geralmente executam esse tipo de análise para fazer previsões sobre o que seus concorrentes fariam se aumentassem preços ou se entrassem em um novo segmento. É preciso que adotem a mesma prática com seus parceiros da cadeia de suprimentos. Enfim, devem redesenhar os incentivos de forma que seus parceiros se comportem da maneira que seja a mais benéfica para toda a cadeia de suprimentos.

Os três As da Seven-Eleven Japan

A Seven-Eleven Japan (SEJ) é um exemplo de como uma empresa que consegue construir uma cadeia de suprimentos com base em agilidade, adaptabilidade e alinhamento se mantém à frente de seus concorrentes. Essa cadeia de lojas de conveniência ($21 bilhões de faturamento anual) consegue manter taxas de esgotamento de estoque notavelmente baixas e, em 2004, teve um giro de estoque de 55. Com margens brutas de lucro de 30%, a SEJ é também uma das mais lucrativas redes de varejo do mundo. Com suas 9 mil lojas, como a empresa consegue ter uma gestão que, há mais de uma década, vem sustentando seu desempenho?

A empresa concebeu sua cadeia de suprimentos para responder rapidamente às mudanças de demanda – e não para se concentrar em entregas rápidas ou baratas. Ela investiu em sistemas em tempo real para detectar mudanças nas preferências dos consumidores e monitora dados sobre vendas e consumidores (sexo e idade) em todas as lojas. Bem antes de a era da internet começar, a SEJ usava conexões por satélite e linhas ISDN (Network Digital de Serviços Integrados) para ligar todas as suas lojas a centros de distribuição, fornecedores e fornecedores de logística. Esses dados permitem que a cadeia de suprimentos detecte flutuações de demanda entre lojas, alerte fornecedores de potenciais mudanças de exigência, ajude os fornecedores a realocar estoques entre as lojas e assegure que a empresa renove seus estoques no momento certo. A SEJ programa entregas de mercadoria para cada ponto-de-venda com uma margem de erro de dez minutos. Se um caminhão estiver atrasado mais de 30 minutos, a entregadora deverá pagar uma multa equivalente à margem bruta dos produtos a serem entregues naquela loja. Funcionários reconfiguram as prateleiras pelo menos três vezes ao dia, de forma que as vitrines tenham apelo para diferentes segmentos de clientes e demandas, conforme a hora do dia.

Com o tempo, a SEJ adaptou sua cadeia de suprimentos à sua estratégia. Alguns anos atrás, a empresa decidiu concentrar suas lojas em pontos-chave, em vez de simplesmente construí-las espalhadas por todo país. Essa decisão permitiu que aumentassem as possibilidades de atrasos decorrentes de congestionamentos de trânsito nos horários em que estivesse prevista a reposição dos estoques. Esse problema se tornou mais agudo quando a SEJ resolveu fazer a renovação de estoques de três a quatro vezes ao dia. Para minimizar atrasos devido a problemas de tráfego, a empresa adaptou seus sistemas de distribuição: pediu aos fornecedores que se localizavam na mesma região que consolidassem as remessas em um único caminhão em vez de usarem vários. Isso minimizou o número de veículos destinados aos centros de distribuição, onde a SEJ faz a seleção de produtos para entrega nas lojas. A empresa também diversificou os tipos de veículos usados, de caminhões a motocicletas, barcos e até mesmo helicópteros. A eficácia do sistema de logística da empresa é lendária. Em 17 de janeiro de 1995, menos de seis horas após o terremoto de Kobe, quando os caminhões se arrastavam pelas estradas a 3km/h, a SEJ usou 7 helicópteros e 125 motocicletas para entregar 64 mil sacas de arroz pela cidade.

Um elemento fundamental para as operações da cadeia de suprimentos é o estreito alinhamento existente entre os interesses da Seven-Eleven Japan e os de seus parceiros. Os incentivos e desincentivos são claríssimos: contribua para o sucesso da SEJ e compartilhe as recompensas. Atrase as entregas e pague multa. Isso pode parecer duro, mas a empresa equilibra essa equação ao depositar enorme confiança em seus parceiros. Por exemplo, quando as transportadoras entregam mercadoria nas lojas, ninguém confere o conteúdo da carga. Isso economiza tempo e dinheiro das entregadoras, uma vez que os motoristas não perdem tempo esperando pela conferência.

Quando a Seven-Eleven Japan identifica oportunidades de negócio, trabalha com seus fornecedores para desenvolver produtos e compartilha as receitas com eles. Por exemplo, há dois anos, a SEJ criou uma empresa de e-commerce, a 7dream.com, em conjunto com seis parceiros. A nova organização permite que os consumidores encomendem produtos on-line ou por meio de quiosques nas lojas da rede e apanhem a mercadoria em qualquer loja da SEJ. Os parceiros se beneficiam do network de logística da SEJ, que entrega produtos às lojas com eficiência, assim como da localização conveniente das lojas. Ao encorajar seus parceiros a montarem quiosques multimídia para produzir jogos eletrônicos, ingressos ou CDs em suas lojas, a Seven-Eleven Japan se tornou um outlet de fabricação para essas empresas. A SEJ não poderia ter alinhado os interesses de seus parceiros com os seus próprios de forma mais estreita.

QUANDO DESCREVO A CADEIA DE SUPRIMENTOS dos três As para outras empresas, a maioria pressupõe imediatamente que necessitará de mais tecnologia e investimentos. Nada poderia estar mais longe da verdade. A maioria das empresas já dispõe de toda a infra-estrutura necessária para isso; o que realmente precisam é assumir uma nova postura e uma nova cultura para produzirem desempenho superior. As empresas precisam abandonar a mentalidade da eficiência, que é contraproducente; estar preparadas para manter networks em constante mudança; e, em vez de se concentrar apenas em seus próprios interesses, assumir a responsabilidade pela cadeia de suprimentos como um todo. Para as empresas, isso pode ser extremamente desafiador porque não existem tecnologias que produzam esses resultados; apenas os gerentes podem fazê-los acontecer.

Construindo uma cadeia de suprimentos de três As

Agilidade

Objetivos

RESPONDER A MUDANÇAS DE CURTO PRAZO da demanda ou da oferta rapidamente; lidar com distúrbios externos de forma calma.

Métodos

- Promova um fluxo de informações entre fornecedores e clientes.
- Desenvolva relacionamentos colaborativos com fornecedores.
- Planeje os adiamentos.
- Crie estoques de segurança mantendo estoques adicionais de componentes baratos, mas críticos.
- Tenha um parceiro ou sistema de logística confiável.
- Prepare planos de contingência e desenvolva equipes de gerenciamento de crises.

Adaptabilidade

Objetivos

AJUSTAR O DESIGN DA CADEIA DE SUPRIMENTOS para atender a mudanças estruturais em mercados; modificar o network de suprimentos segundo estratégias, produtos e tecnologias.

Métodos

- Monitore as economias do mundo para identificar novas bases de suprimento e mercados.
- Use intermediários para desenvolver novos fornecedores e infra-estrutura de logística.
- Avalie as necessidades dos consumidores finais e não apenas dos consumidores imediatos.
- Crie designs de produtos flexíveis.
- Determine onde se situam os produtos da empresa em termos de ciclo tecnológico e de ciclo de vida.

Alinhamento

Objetivo

CRIAR INCENTIVOS para um desempenho melhor.

Métodos

- Troque informações e conhecimento livremente com fornecedores e clientes.
- Determine claramente os papéis e as responsabilidades dos fornecedores e clientes.
- Compartilhe de maneira eqüitativa os riscos, custos e ganhos das iniciativas de melhoria.

A importância de ser ágil

A MAIORIA DAS EMPRESAS ignora a idéia de que as cadeias de suprimentos devam ser ágeis. É compreensível. Adaptabilidade e alinhamento são conceitos mais novos que agilidade. Entretanto, mesmo que sua cadeia de suprimentos seja adaptável e alinhada, é perigoso ignorar a agilidade.

Em 1995, a Hewlett-Packard se juntou à Canon para criar o design e lançar no mercado impressoras a jato de tinta. Logo no começo, a HP alinhou seus interesses com os de sua parceira japonesa. Enquanto a HP assumiu a responsabilidade de produzir circuitos impressos (ou "formatadores"), a Canon concordou em fabricar os motores para as impressoras da série Laserjet. Era uma divisão de responsabilidades eqüitativa e as duas equipes de pesquisa e desenvolvimento aprenderam a trabalhar de forma estreita e conjunta. Depois do lançamento da Laserjet, a HP e a Canon rapidamente adaptaram seus networks de fornecimento para os mercados do produto. A HP usou sua fábrica em Idaho e na Itália e a Canon, as fábricas de West Virginia e Tokio.

Contudo, a HP e a Canon deixaram de prever um problema. Para manter os custos baixos, a Canon concordou em alterar o número de motores que produzia, mas apenas se a HP lhe comunicasse sobre eventuais mudanças com bastante antecedência – talvez seis meses ou mais antes de as impressoras serem introduzidas no mercado. Naquele estágio, a Canon era capaz de modificar sua programação de fabricação em apenas alguns pontos percentuais. Em conseqüência, a cadeia de valor não conseguia lidar com flutuações repentinas da demanda. Assim, quando aconteceu uma inesperada queda da demanda para a Laserjet III (próxima ao final de seu ciclo de vida), a HP foi impactada por um enorme e custoso excedente de motores de impressora: a notória montanha de Laserjets. O fato de ter uma cadeia de suprimentos adaptável e alinhada não ajudou a HP a superar sua falta de agilidade.

A adaptação do mais apto

MUITOS EXECUTIVOS ME PERGUNTAM, piscando o olho, se as empresas devem realmente manter suas cadeias de suprimentos constantemente adaptadas. As empresas podem acreditar que seja difícil aceitar essa idéia de mudança permanente, mas, na verdade, elas não têm escolha.

Pergunte à Lucent. Em meados dos anos 90, quando essa megaempresa americana de telecomunicações percebeu que poderia abrir novos caminhos na Ásia, bastando, para isso, que tivesse fábricas locais, promoveu uma revisão em sua cadeia de suprimentos. Montou fábricas em Taiwan e na China que lhe permitiram customizar seus comutadores tão rapidamente e a custos tão baixos quanto as concorrentes, Siemens e Alcatel, haviam feito. Para alinhar os interesses da controladora e das subsidiárias, os executivos da Lucent pararam de cobrar preços inflacionados de suas empresas asiáticas pelos módulos que eram remetidos dos Estados Unidos. Ao fim dos anos 90, a Lucent havia recapturado a participação de mercado na China, Taiwan, Índia e Indonésia.

Infelizmente, a história não acaba aqui porque a Lucent resolveu parar de adaptar sua cadeia de suprimentos. A empresa não percebeu que muitos fabricantes de médio porte haviam desenvolvido tecnologias e expertise para produzir componentes e subconjuntos de comutadores digitais e que, em função das economias de escala, isso podia ser feito por uma fração dos custos da Lucent. Ao perceber como seria o futuro, os concorrentes terceirizaram agressivamente os sistemas de manufatura de comutadores. Em função da redução de custos resultante, eles eram capazes de cotar preços mais baixos do que a Lucent que, enquanto isso, estava relutando em terceirizar sua fabricação porque havia investido em fábricas próprias. Ao final, a Lucent ficou sem opções a não ser fechar sua fábrica em Taiwan, em 2002, e montar uma cadeia de suprimentos terceirizada. A adaptação da empresa chegou tarde demais e a Lucent não foi capaz de reconquistar o controle do mercado global, embora a cadeia de suprimentos fosse ágil e alinhada.

O confinamento do não-alinhamento

NÃO É FÁCIL PARA OS EXECUTIVOS aceitarem que empresas diferentes da mesma cadeia de valor tenham interesses distintos ou que interesses não alinhados possam levar a problemas de estoque tão tenebrosos quanto aqueles que possam surgir em decorrência da falta de agilidade ou de adaptabilidade. Mas a história da cadeia de suprimentos da Cisco demonstra essa questão.

Ao longo dos anos 90, todos consideravam a cadeia de suprimentos da Cisco quase infalível. A empresa estava entre as primeiras a fazer uso da internet para se comunicar com fornecedores e clientes, automatizar o fluxo de trabalho entre parceiros de negócios e a usar soluções, como o teste de produtos a distância, que permitia que os fornecedores produzissem resultados de qualidade com um mínimo de interferência manual. A Cisco terceirizou a fabricação e a maior parte de seus produtos de networking e trabalhava em estreita colaboração com fabricantes contratados para selecionar as locações apropriadas para dar suporte às suas necessidades. Se algum dia existiu uma cadeia de suprimentos ágil e adaptável, essa foi a da Cisco. Por que, então, em 2001, a empresa foi obrigada a dar baixa em estoques no valor de $2,25 bilhões? Havia vários fatores em jogo, mas o principal culpado foi o desalinhamento dos interesses da Cisco com os de seus fabricantes terceirizados. Esses fornecedores acumularam, durante meses, grandes quantidades de estoque sem receber pedidos de produtos da Cisco. Mesmo quando o crescimento da economia americana diminuiu, esses fornecedores continuaram a produzir e formar estoque no mesmo ritmo. Finalmente, a Cisco descobriu que não poderia usar a maior parte de seus estoques de matéria-prima porque a demanda havia caído drasticamente. A empresa foi forçada a vender toda sua matéria-prima como sucata.

Publicado originalmente em outubro de 2004
Reimpressão R0410F

Decodificando o DNA do Sistema de Produção Toyota

STEVEN J. SPEAR E H. KENT BOWEN

Resumo Executivo

O SISTEMA DE PRODUÇÃO TOYOTA é um paradoxo. De um lado, cada atividade, conexão e fluxo de produção na fábrica da Toyota é rigidamente determinado. Entretanto, ao mesmo tempo, as operações da empresa são enormemente flexíveis e reativas às demandas dos consumidores. Como isso é possível?

Após quatro anos de profundo estudo sobre o sistema em mais de 40 unidades industriais, os autores passaram a entender que, na Toyota, é a própria rigidez das operações que possibilita sua flexibilidade. Isso se dá em função do fato de as operações da empresa poderem ser vistas como uma série contínua de experiências controladas. Sempre que a Toyota define uma especificação, está estabelecendo uma hipótese que é, então, testada na prática. Essa abordagem – o método científico – não é imposta aos trabalhadores. Todos estão imbuídos dela, e isso os estimula a se engajarem no tipo de experimentação que é largamente reconhecido como a base das organizações que aprendem (*learning organizations*).

O Sistema de Produção Toyota nasceu das operações da empresa ao longo de 50 anos e jamais chegou a ser escrito em algum lugar. Explicitando o que está implícito, os autores apresentam quatro princípios que mostram como a Toyota monta todas as suas operações como experimentos e ensina o método científico a seus empregados. A regra 1 governa o modo como os trabalhadores desenvolvem suas tarefas. A segunda, o modo como interagem. A terceira, como as linhas de produção são construídas, e a quarta, como as pessoas aprendem a melhorar. Cada atividade, conexão e caminho da produção concebidos segundo essas regras deve carregar testes internos que sinalizem problemas de forma imediata. A resposta contínua a esses problemas é que torna esse sistema aparentemente rígido tão flexível e adaptativo às mudanças do ambiente.

O SISTEMA DE PRODUÇÃO TOYOTA é, há muito, celebrado como a origem do excepcional desempenho da empresa como fabricante. As práticas diferenciadas do sistema – seus cartões kanban e seus círculos de qualidade, por exemplo – têm sido amplamente adotadas em muitos outros setores. Efetivamente, seguindo seus próprios esforços internos para estabelecer benchmarks das melhores empresas mundiais, GM, Ford e Chrysler criaram, de forma independente, importantes iniciativas para desenvolver sistemas de produção semelhantes ao da montadora japonesa. As empresas que vêm tentando adotar o sistema podem ser encontradas em áreas tão diversas quanto aeroespacial, produtos de consumo, mineradoras e produtos industriais.

O curioso é que poucas empresas foram bem-sucedidas em imitar a Toyota com sucesso – embora a empresa tenha sempre sido extraordinariamente aberta em relação às suas práticas. Centenas de milhares de executivos, de milhares de empresas, já fizeram visitas às instalações da montadora japonesa no Japão e nos Estados Unidos. Frustrados com a incapacidade de replicar o desempenho da Toyota, muitos partem do pressuposto de que o segredo de sucesso da empresa deve estar ligado às suas raízes culturais. Entretanto, esse não é o caso. Outras empresas japonesas, como a Nissan e a Honda, não conseguem atingir os padrões praticados pela Toyota, que implementou com sucesso esse mesmo sistema de produção em suas fábricas no mundo inteiro, inclusive nos Estados Unidos, onde a empresa deverá produzir este ano mais de 1 milhão de automóveis, minivans e caminhões leves.

Então, por que será que é tão difícil decodificar o Sistema de Produção Toyota? A resposta, acreditamos, é que os observadores confundem as ferramentas e as práticas que observam durante suas visitas às fábricas com o sistema em si. Isso torna impossível para eles resolver o aparente paradoxo do sistema – isto é, que as atividades, conexões e fluxos de produção em uma fábrica da Toyota são rigidamente determinados e, no entanto, ao mesmo tempo, as operações são extremamente flexíveis e adaptáveis. As atividades e os processos estão sob constante desafio e sendo empurrados para um nível mais elevado de desempenho, o que permite à empresa inovar e melhorar continuamente.

Para entender o sucesso da Toyota, devemos desvendar o paradoxo – devemos observar que as rígidas especificações são exatamente o que tornam possível a flexibilidade e a criatividade. É isso que concluímos após um profundo estudo de quatro anos de duração do Sistema de Produção Toyota, em que analisamos as engrenagens internas de mais de 40 fábricas nos Estados Unidos, Europa e Japão, algumas operando segundo o sistema e outras, não. Estudamos ambos os processos e fabricantes específicos cujos produtos variavam de casas pré-fabricadas, peças automotivas e montagem de veículos, telefones celulares e impressoras de computador até componentes de plástico injetado e extrusões de alumínio. Estudamos não apenas o trabalho da produção de rotina, mas também funções de serviço, como manutenção de equipamentos, treinamento e supervisão de trabalhadores, manuseio de materiais e logística e design e redesign de processos.

Descobrimos que, para os outsiders, a chave é entender que o Sistema de Produção Toyota cria uma comunidade de cientistas. Sempre que a Toyota define uma especificação, estabelece uma série de hipóteses que devem ser testadas. Em outras palavras, a empresa segue o método científico. Para promover qualquer mudança, a Toyota utiliza um rigoroso processo de resolução de problemas que requer análise detalhada do atual estado de coisas e um plano de melhorias que seja, na verdade, um teste experimental das mudanças propostas. Qualquer coisa menos que esse rigor científico reduziria as mudanças na Toyota a pouco mais que tentativas e erros aleatórios – uma caminhada às cegas pela vida.

O fato de o método científico estar tão entranhado na Toyota explica por que o alto grau de especificação e estruturação na empresa não resulta no ambiente de comando e controle que alguém poderia esperar. Na verdade, ao observar as pessoas fazendo suas tarefas e ajudando no design dos processos de produção, aprendemos que o sistema estimula trabalhadores e gerentes a se engajarem no tipo de experimentação que é largamente reconhecido como a base de uma organização que aprende (*learning organization*). É isso que diferencia a Toyota de todas as outras empresas que estudamos.

O Sistema de Produção Toyota e o método científico que está por trás dele não foram impostos à empresa – não foram sequer conscientemente escolhidos. O sistema cresceu naturalmente a partir das operações da empresa ao longo de cinco décadas. Em conseqüência, o sistema jamais foi registrado por escrito e os trabalhadores da Toyota sentem dificuldade em articulá-lo. É por essa razão que é tão difícil para outsiders apreendê-lo. Neste artigo, tentamos colocar no papel como o sistema funciona. Procuramos explicitar algo que é implícito. Descrevemos quatro princípios – três regras de design, que mostram como a Toyota monta todas as suas operações como experimentos, e uma regra de melhoria, que descreve como a empresa ensina o método científico a seus empregados, em todos os níveis da organização. São essas regras – e não as práticas e ferramentas específicas que as pessoas observam durante suas visitas às fábricas – que, em nossa opinião, constituem a essência do Sistema Toyota. É por essa razão que, para nós, essas regras são o DNA do Sistema de Produção Toyota. Examinemos cada uma dessas regras mais profundamente (para um resumo, ver "As quatro regras", no fim deste artigo, e "Contramedidas no Sistema de Produção Toyota").

Regra 1: Como as pessoas trabalham

O pessoal da Toyota reconhece que o inferno está nos detalhes, por isso, assegura-se de que todo o trabalho a ser feito esteja minuciosamente especificado quanto a conteúdo, seqüência, timing e resultado. Quando o assento de um automóvel é instalado, por exemplo, os parafusos são sempre apertados na mesma ordem, o tempo necessário para o aperto de cada parafuso está especificado, assim como o torque a que ele deve ser submetido. Tal exatidão é aplicada não apenas a tarefas repetitivas dos trabalhadores da linha de produção, mas também às atividades de todas as pessoas, independentemente de sua especialidade funcional ou papel hierárquico. A exigência de que cada atividade esteja especificada é a primeira regra não escrita do sistema. Dito dessa forma direta, a regra parece simples, algo que se esperaria que todos entendessem e que fossem capazes de segui-la. Na realidade, a maioria dos gerentes de fora da Toyota e seus parceiros não adotam essa abordagem no desenvolvimento do design em sua execução – mesmo quando pensam que sim.

Vejamos como os operadores de uma típica fábrica de automóveis nos Estados Unidos instala o assento dianteiro do passageiro em um veículo. Eles devem pegar quatro parafusos de uma caixa de papelão, levá-los para o carro junto com uma chave de boca hidráulica com torquímetro, apertar os quatro parafusos e digitar um código no computador para sinalizar que o trabalho foi realizado sem problemas. Em seguida, esperam pela chegada

Os experimentos do Sistema de Produção Toyota

Quando as organizações são gerenciadas conforme as quatro regras, as pessoas conduzem experimentos continuamente, testando, na prática, as hipóteses imaginadas no design de tarefas, caminhos e esforços de melhoria específicos. As hipóteses, do modo como são testadas, e as respostas, caso sejam rejeitadas, estão resumidas no quadro a seguir.

Regra	Hipóteses	Sinais de Problemas	Respostas
1	A pessoa ou máquina é capaz de fazer a tarefa como especificado.	A atividade não está sendo feita conforme especificação.	Determinar o verdadeiro nível de capacitação da pessoa ou a verdadeira capacidade da máquina e treinar ou modificar, conforme necessário.
	Se a atividade for executada conforme especificação, o bem ou o serviço estará livre de falhas.	O resultado é defeituoso.	Modificar a atividade de design.
2	Os pedidos de clientes para bens e serviços serão de acordo com determinado mix e volume.	As respostas não conseguem fazer frente aos pedidos.	Determinar o verdadeiro mix e o volume da demanda e a verdadeira capacidade do fornecedor; retreinar, modificar atividades ou realocar os pares clientes-fornecedores, conforme necessário.
	O fornecedor consegue responder aos pedidos de clientes	O fornecedor está ocioso, esperando pedidos.	
3	Todos os fornecedores ligados ao fluxo de produção são necessários.	Uma pessoa ou máquina não é necessária.	Determinar por que o fornecedor é desnecessário e redesenhar o fluxo da produção.
	Qualquer fornecedor não conectado ao fluxo de produção é dispensável.	Um fornecedor não especificado provê um bem ou serviço intermediário.	Aprender por que o fornecedor era necessário e redesenhar o fluxo de produção.
4	Uma mudança específica em determinada atividade, conexão ou fluxo melhorará custos, qualidade, tempo de entrega, tamanho dos lotes ou segurança em um percentual específico.	O resultado efetivo é diferente do esperado.	Aprender como a atividade foi efetivamente desempenhada e como a conexão ou fluxo de produção foi operado. Determinar os verdadeiros efeitos da mudança. Redesenhar mudança.

de um novo carro. Novos operadores são geralmente treinados pelos mais experientes, que os ensinam mostrando como se faz. Um colega experiente poderá estar disponível para ajudar um novo operador que tenha, por exemplo, encontrado dificuldade ao apertar o parafuso ou esquecido de digitar o código.

Esse parece um procedimento direto, assim, qual seria o problema? O problema é que aquelas especificações na verdade permitem – e mesmo pressupõem – considerável variação no modo como os trabalhadores executam suas tarefas. Sem que ninguém se dê conta, existe espaço mais do que suficiente para que um novo operador coloque o assento no veículo de um modo diferente daquele de um operador mais experimente. Alguns operadores poderão colocar os dois parafusos da frente depois de ter colocado os parafusos de trás; outros poderão fazer ao contrário. Algum poderá colocar os quatro parafusos no lugar e depois apertar os quatro em seqüência, outros poderão colocar e apertar os parafusos, um por um. Todas essas variações se traduzem em qualidade inferior, menor produtividade e custos mais elevados, e, mais importante, atrapalham o aprendizado e as ações de melhoria nas organizações porque ocultam a ligação entre como o trabalho foi realizado e seus resultados.

Nas fábricas da Toyota, como os operadores (novos e antigos, juniores e supervisores) seguem uma seqüência bem definida de procedimentos para uma tarefa específica, fica imediatamente evidente quando ocorre algum desvio das especificações. Considere como os trabalhadores da fábrica da Toyota em Georgetown, Kentucky, instalam o assento dianteiro direito no modelo Camry. A tarefa foi concebida como uma seqüência de sete procedimentos que devem ser concluídos em 55 segundos, à medida que o automóvel se movimenta a uma velocidade constante ao longo da área de trabalho do operador. Se ele perceber que está executando o procedimento 6 (instalar os parafusos traseiros) antes do procedimento 4 (instalar os parafusos dianteiros), então a tarefa estará sendo executada de forma diferente da que foi concebida, indicando que algo deve estar errado. Da mesma forma, se, depois de 40 segundos o trabalhador ainda estiver executando o procedimento 4, que deveria ter sido completado depois de 31 segundos, algo não estará funcionando apropriadamente. Para tornar a detecção de problemas ainda mais simples, a extensão do espaço determinado para cada trabalhador é dividida em décimos. Assim, se o operador estiver passando pela marca número seis ou número dez (isto é, se estiver no trigésimo terceiro segundo do ciclo) e ainda estiver executando o procedimento 4, então ele e seu líder de equipe saberão que está atrasado. Como o desvio fica imediatamente aparente, o trabalhador e seu supervisor podem tomar as providências necessárias para corrigir o problema na hora e, em seguida, determinar como mudar as especificações ou retreinar o trabalhador para evitar nova ocorrência. (Ver "Como os trabalhadores da Toyota aprendem as regras", no fim deste artigo, para uma curta descrição do processo com o qual os trabalhadores aprendem a conceber o trabalho dessa forma.)

Mesmo atividades complexas e não freqüentes, como o treinamento de uma força de trabalho inexperiente em uma nova fábrica, o lançamento de um novo modelo, mudanças na linha de produção ou a transferência de equipamentos de uma parte da fábrica para outra, são concebidas segundo essa regra. Em um dos fornecedores da Toyota no Japão, por exemplo, foi necessário deslocar equipamentos de uma parte da fábrica para outra a fim de que fosse criada uma nova linha de produção em resposta à mudança da demanda de certos produtos. A movimentação dos equipamentos foi dividida em 14 atividades distintas. Cada atividade foi, então, subdividida e concebida como uma série de procedimentos. Uma pessoa específica foi encarregada de executar cada atividade em uma seqüência determinada. À medida que cada uma das máquinas se movimentava, o modo como os procedimentos eram executados era comparado com o que se esperava segundo o plano original, e as discrepâncias eram imediatamente sinalizadas.

Ao exigir que as pessoas executem seu trabalho na forma de uma seqüência de etapas minuciosamente especificadas, a regra 1 as força a testar hipóteses na prática. A execução da atividade testa as duas hipóteses implícitas em seu design: a primeira, que a pessoa que a executa é capaz de fazê-lo corretamente e, a segunda, que a execução da atividade efetivamente produz o resultado desejado. Lembra-se do instalador de bancos? Se ele não conseguir colocar o banco no lugar da forma especificada, dentro do tempo determinado, então ele estará claramente refutando pelo menos uma dessas duas hipóteses, o que indica que a atividade necessita ser redesenhada ou o trabalhador, treinado.

Regra 2: Como as pessoas se conectam

Enquanto a regra 1 explica como as pessoas executam suas tarefas individuais, a segunda explica como se conectam umas com as outras. Definimos essa regra da seguinte maneira: cada conexão deve ser padronizada e direta, especificando sem ambigüidades as pessoas envolvidas, a forma e a quantidade de bens e serviços a serem providos, a forma como os pedidos serão feitos por cada cliente e o tempo esperado para o atendimento dos pedidos. Essa regra cria um relacionamento fornecedor-cliente entre cada pessoa envolvida e o indivíduo responsável pelo provimento do bem ou serviço àquela pessoa. Em conseqüência, deixam de existir zonas cinzentas quando se trata de determinar quem fornece o que para quem e quando. Quando um trabalhador faz um pedido de peças, não existe confusão sobre o fornecedor, o número de unidades necessárias ou o timing da entrega. Da mesma forma, quando alguém precisa de assistência, não há dúvida sobre quem a oferecerá, como a ajuda será desencadeada e os serviços que serão entregues.

A verdadeira questão que nos interessa aqui é se as pessoas interagem de forma diferente na Toyota em relação a outras empresas. Voltemos a nosso instalador de assentos. Quando ele precisa de uma nova caixa de acabamentos de plástico para os parafusos, envia um pedido para o distribuidor de materiais, que é o fornecedor de acabamentos. Geralmente, esse tipo de pedido é feito com um kanban,* um cartão laminado que informa o número de identificação da peça, a quantidade de peças no contêiner e a localização do fornecedor das peças e do empregado (o cliente) que as instalará. Na Toyota, kanban e outros recursos são usados para estabelecer ligações diretas entre fornecedores e clientes. As conexões são tão perfeitas quanto à passagem do bastão em uma corrida de revezamento nas Olimpíadas porque, assim como fazem os atletas, são cuidadosamente planejadas e executadas. Por exemplo, o número de partes em um contêiner e o de contêineres em circulação de determinada peça é indicado pelas realidades físicas do sistema de produção – as distâncias, os períodos de troca e assim por diante. Da mesma forma, o número de trabalhadores por equipe é determinado pelos tipos de problemas cuja ocorrência é esperada, pelos níveis de assistência que os participantes das equipes necessitam e pelas capacitações e habilidades do líder da equipe.

Outras empresas destinam recursos substanciais à coordenação de pessoas, mas suas conexões geralmente não são tão diretas e sem ambigüidades. Na maioria das fábricas, os pedidos de material ou de assistência geralmente passam por um caminho complicado, saindo do trabalhador de linha, passando pelo fornecedor por meio de um intermediário. Qualquer supervisor pode atender a qualquer solicitação de ajuda, uma vez que essa atribuição não é responsabilidade de uma pessoa específica. A desvantagem desse procedimento, como a própria Toyota reconhece, é que, quando um problema é de todos, não é de ninguém.

---

* *Nota do Tradutor*: Em um esquema de fabricação, kanban (que significa "cartão", em japonês) é um sistema de transferência de informações de um processo para outro, freqüentemente utilizado em processos just-in-time.

A exigência de que as pessoas respondam a pedidos de suprimento dentro de um limite específico de tempo reduz, ainda mais, a possibilidade de variâncias. Isso é particularmente verdadeiro em relação a pedidos de serviço. O que se espera de um trabalhador que se defronte com um problema é que ele peça auxílio imediatamente. O assistente designado deve, então, responder imediatamente e resolver o problema dentro do ciclo de tempo do trabalhador. Se o trabalhador estiver instalando um assento dianteiro, digamos, em 55 segundos, então uma solicitação de ajuda deve ser respondida e tratada em menos de 55 segundos. Se o problema não puder ser resolvido nesse intervalo, a falha passa a desafiar imediatamente a hipótese nessa conexão cliente-fornecedor para ajuda. Talvez o sinal de solicitação seja ambíguo. Talvez o assistente designado tenha um excesso de outros pedidos de assistência, esteja ocupado e não seja um solucionador de problemas capaz. Testar as hipóteses constantemente mantém o sistema flexível, tornando possível ajustá-lo contínua e construtivamente.

O mais notável sobre a exigência de solicitar ajuda imediatamente é que esse geralmente é um procedimento contra-intuitivo para os gerentes acostumados a encorajar seus subordinados a resolver problemas por si próprios antes de pedir ajuda. Entretanto, dessa forma, os problemas permaneceriam ocultos e não seriam compartilhados nem resolvidos pela empresa como um todo. A situação piora se os trabalhadores começarem a resolver eles próprios os problemas e passarem a decidir arbitrariamente quando o caso é suficientemente grave para justificar solicitação de ajuda. Os problemas se acumularão e serão resolvidos muito mais tarde, quando informações valiosas sobre as causas efetivas do problema já tiverem sido perdidas.

Regra 3: Como a linha de produção é construída

Todas as linhas de produção na Toyota devem ser montadas de forma que cada produto e serviço fluam ao longo de um caminho simples e especificado. O caminho não deve mudar, a não ser que a linha de produção seja expressamente redesenhada. Portanto, em princípio, não existirão bifurcações ou loops para complicar o fluxo em qualquer das cadeias de suprimentos da Toyota. Essa é a regra 3.

Para se ter noção exata do que isso significa, retornemos a nosso instalador de assentos. Se ele precisar de mais acabamentos plásticos para os parafusos, ele os pedirá ao distribuidor específico de materiais, responsável pelo fornecimento dessas peças. Esse fornecedor designado faz pedidos para o seu próprio fornecedor designado na loja off-line na fábrica. Este, por sua vez, faz pedidos diretamente para seu fornecedor designado na plataforma de despachos da fábrica de acabamentos de parafusos. Dessa forma, a linha de produção conecta cada pessoa que contribui para a produção e entrega do produto, desde a fábrica da Toyota, passando pela fábrica de moldagem de acabamentos, chegando até o fabricante da matéria-prima plástica.

O que queremos demonstrar é que quando as linhas de produção são desenhadas segundo a regra 3, os bens e serviços não fluem para a pessoa ou para a máquina seguinte disponível, mas, sim, para pessoas ou máquinas *específicas*. Se, por alguma razão, essa determinada pessoa ou máquina não estiver disponível, a Toyota verá isso como um problema que poderá exigir o redesenho da linha de produção.

Contudo, o fato de ficar estipulado que cada produto deva seguir um caminho simples e pré-especificado não significa que cada caminho seja dedicado exclusivamente a determinado produto. Muito pelo contrário. Cada linha de produção na fábrica da Toyota tipicamente acomoda um número muito maior de produtos do que a de suas concorrentes.

A regra 3 não se aplica apenas a produtos, mas também a serviços, como solicitações de ajuda. Se o instalador de assentos, por exemplo, precisar de ajuda, esta também virá de um único fornecedor especificado. Se esse fornecedor não for capaz de prestar a ajuda necessária, terá, por sua vez, um ajudante especificado. Em algumas das fábricas da Toyota, esse caminho para assistência às vezes tem três, quatro ou cinco conexões, desde o trabalhador do chão-de-fábrica até o gerente.

A regra 3 vai de encontro ao que diz o senso comum sobre linhas de produção e compartilhamento de recursos – é contrária até ao modo como a maioria das pessoas acredita que o Sistema de Produção Toyota funcione. Segundo o que se acredita, à medida que um produto ou serviço vai avançando na linha de produção, ele deve seguir para a próxima máquina ou pessoa disponível a fim de continuar adiante. Da mesma forma, a maioria das pessoas supõe que qualquer ajuda deva vir da primeira pessoa disponível naquele momento e não de uma pessoa específica. Em uma fornecedora da indústria automotiva que estudamos, por exemplo, a maioria das peças podia ser moldada em uma ou mais máquinas e soldadas em mais de uma estação de solda. Antes de a empresa adotar o Sistema Toyota, a prática era passar cada peça para a primeira máquina de moldagem ou soldador disponível. Quando a fábrica mudou seu sistema, sob a orientação da montadora japonesa, cada tipo de peça passou a seguir um único caminho de produção através da linha.

Ao exigir que cada caminho seja especificado, a regra assegura que uma experimentação ocorrerá cada vez que o caminho for usado. Aqui, a hipótese incorporada ao caminho concebido segundo a regra 3 é a de que cada fornecedor conectado ao caminho é necessário e que qualquer fornecedor não ligado a ele é dispensável. Se os trabalhadores da fornecedora de peças automotivas se descobrissem querendo redirecionar a produção para outra máquina ou estação de solda, ou se começassem a pedir ajuda para outra pessoa que não aquela especificamente designada, concluiriam que sua atual demanda ou capacidade não estaria de acordo com suas expectativas. Além disso, não haveria ambigüidade quanto a qual moldadora ou soldadora usar. Novamente, os trabalhadores revisitariam o design de sua linha de produção. Portanto a regra 3, assim como as regras 1 e 2, permite à Toyota conduzir experimentos e permanecer flexível e reativa.

Regra 4: Como melhorar

A identificação de problemas é apenas o primeiro passo. Para que as pessoas possam efetivamente promover mudanças consistentes, devem saber como mudar e quem é o responsável pelas mudanças. A Toyota ensina explicitamente às pessoas como melhorar, sem esperar delas que aprendam estritamente a partir de experiências pessoais. Especificamente, a regra 4 estipula que qualquer melhoria nas atividades de produção, nas conexões entre trabalhadores ou máquinas ou nos caminhos devem ser feitas segundo um método específico, sob a orientação de um professor e ao nível mais baixo possível da organização. Primeiramente, vejamos como o pessoal da Toyota aprende o método científico.

COMO AS PESSOAS APRENDEM A MELHORAR

Em 1986, a Aisin Seiki, uma empresa do grupo Toyota que fazia produtos complexos – como sistemas de transmissão para a indústria automobilística –, visando absorver a capacidade ociosa de uma de suas fábricas, criou uma linha de fabricação de colchões. Desde então, seu portfolio passou de 200 tipos de colchão para 850 e o volume de produção passou de 160 colchões por dia para 550. Sua produtividade dobrou. Eis um exemplo de como conseguiram esse resultado.

Em uma de nossas visitas à fábrica, estudamos os trabalhadores de uma equipe de montagem de colchões que estavam sendo ensinados a melhorarem a capacidade de resolver problemas por meio da reconfiguração de seu trabalho. Inicialmente, os trabalhadores eram responsáveis apenas pela execução de suas tarefas padronizadas e não tinham qualquer responsabilidade sobre a resolução de problemas. Então, foi nomeado um líder para o grupo, que os treinou para enquadrar melhor seus problemas e para formular e testar hipóteses – em outras palavras, ele os ensinou a usar o método científico para conceber as tarefas do grupo segundo as regras 1, 2 e 3. Os resultados foram impressionantes. Uma das realizações da equipe, por exemplo, foi redesenhar o modo como a fita de acabamento deveria ser afixada ao colchão, o que reduziu a taxa de produtos defeituosos em 90%. (Ver quadro "Produção sob demanda na Fábrica de Colchões Aisin".)

Para promover mudanças, espera-se que as pessoas apresentem a lógica explícita das hipóteses. Vejamos o que isso pode envolver. Hajime Ohba, gerente geral do Centro de Apoio a Fornecedores da Toyota, estava visitando a fábrica quando um dos consultores do Centro estava liderando um treinamento e atividade de melhoria (para uma descrição do papel desempenhado pelos centros de promoção do Sistema de Produção Toyota, ver "O compromisso da Toyota com o aprendizado", no fim deste artigo). O consultor estava ajudando os empregados da fábrica e seu supervisor a reduzir o tempo de entrega de pedidos de determinada linha e Ohba estava ali para avaliar o progresso do grupo.

Os membros do grupo iniciaram suas apresentações descrevendo os passos que seguiram para a criação do produto, delineando todos os problemas identificados por eles quando começaram a estudar o processo de trocar uma peça de uma máquina para outra e explicando as mudanças específicas que promoveram em resposta a cada um dos problemas. Concluíram dizendo: "Quando começamos, a troca exigia 15 minutos. Estávamos pensando em reduzir esse tempo em dois terços, passando para 5 minutos, de forma que pudéssemos reduzir o tamanho dos lotes também por dois terços. Em decorrência da modificação, o tempo de troca se reduziu para sete minutos e meio – uma redução de 50%."

Após a apresentação, Ohba perguntou ao grupo por que não tinham atingido a meta de 5 minutos, originalmente estabelecida. As pessoas ficaram um tanto desconcertadas, afinal, haviam conseguido redução de 50% do tempo de troca. No entanto, a pergunta de Ohba sugeria que ele havia vislumbrado oportunidades para melhorias ainda maiores que o grupo havia ignorado. Foram dadas explicações pelos membros do grupo que tinham a ver com a complexidade das máquinas, dificuldades técnicas e custos de aperfeiçoamento das máquinas. Ohba respondeu a essas explicações com ainda mais perguntas, cada uma com o objetivo de induzir o consultor e os trabalhadores da fábrica a articularem e desafiarem suas mais básicas pressuposições sobre o que poderia ou não ser mudado – pressuposições que tanto orientaram quanto limitaram o modo como resolveram seus problemas. Será que tinham certeza de que quatro parafusos eram necessários? Será que a troca poderia ser executada com apenas dois? Estariam eles certos de que todas as etapas incluídas na troca eram necessárias? Será que alguma delas poderia ser eliminada ou combinada a outra? Ao perguntar por que eles não haviam conseguido atingir a meta de cinco minutos, Ohba não estava insinuando que a equipe havia fracassado. Em vez disso, estava tentando fazer seus membros perceberem que não haviam explorado completamente todas as oportunidades de mudança, uma vez que não haviam questionado suas pressuposições com maior rigor.

Havia uma segunda razão para a persistência de Ohba. Ele estava tentando mostrar aos membros do grupo que sua atividade de melhoria não havia sido executada como uma experiência de boa-fé. Eles haviam estabelecido uma meta de cinco minutos com base na premissa de que trocas mais rápidas e lotes menores são melhores do que trocas mais lentas e lotes maiores. Entretanto, neste ponto, estavam confundindo metas com previsões baseadas em hipóteses. A meta não era uma previsão daquilo que acreditavam poder atingir por meio de melhorias específicas das etapas que planejavam executar. Em conseqüência, eles não haviam concebido o esforço de melhoria como um experimento com uma hipótese explícita, claramente articulada e verificável

Produção sob demanda na Fábrica de Colchões Aisin

A Aisin Seiki produz 850 tipos de colchões, diferenciados por tamanho, firmeza, tecido, padrão de bordado e acabamento das bordas. Os clientes podem fazer pedidos de qualquer modelo nas lojas. O tempo de entrega é de três dias. No entanto, a Aisin mantém estoques para apenas 1,5 dia na fábrica. Para conseguir isso, a empresa promoveu milhares de mudanças nas tarefas individuais, nas conexões entre clientes e fornecedores de bens e serviços intermediários e na linha de produção como um todo. Esta tabela captura a drástica melhoria dos resultados à medida que essas mudanças foram sendo promovidas.

	1986	1988	1992	1996	1997
Estilos	200	325	670	750	850
Unidades por dia	160	230	360	530	550
Unidade por pessoa	8	11	13	20	26
Índice de produtividade	100	138	175	197	208
Estoque de produtos acabados (dias)	30	2,5	1,8	1,5	1,5
Número de linhas de montagem	2	2	3	3	2

da forma "se executarmos as seguintes mudanças específicas, esperamos atingir este resultado específico". Embora tivessem reduzido o tempo de troca consideravelmente, não haviam testado a hipótese implícita naquele esforço. Para Ohba, era fator crítico que os trabalhadores e seu supervisor percebessem que o modo como se fazem as mudanças é tão importante quanto as mudanças em si.

QUEM PROMOVE A MELHORIA

Os trabalhadores da linha de frente fazem melhorias em suas próprias tarefas e seus supervisores oferecem assessoria à direção no papel de professores. Se existe algo de errado no modo como um trabalhador se conecta a determinado fornecedor dentro da área de montagem imediata, os dois devem promover melhorias com o auxílio de seu supervisor comum. Por exemplo, a equipe da Aisin, descrita anteriormente, consistia em trabalhadores da linha de montagem e um supervisor – que era, também, seu instrutor. Quando são feitas mudanças em escala mais ampla, a Toyota assegura-se de que sejam criadas equipes de melhoria, consistindo em pessoas que sejam diretamente afetadas e em um responsável pela supervisão dos caminhos envolvidos.

Portanto, o processo permanece o mesmo, até nos níveis mais altos. Na fábrica de colchões Aisin, descobrimos que o gerente da fábrica assumiu a responsabilidade como líder da mudança pela redução de três linhas de montagem para duas (o número havia crescido para atender a um aumento de variedades de produto). Ele estava envolvido não apenas porque era uma mudança de grande porte, mas também porque tinha responsabilidade operacional pela supervisão do modo como o trabalho fluía das linhas de alimentação para as linhas de montagem final. Dessa forma, a Toyota se assegura de que a resolução de problemas e o aprendizado ocorram em todos os níveis da empresa. É claro que, como já vimos, a Toyota trará experts externos sempre que necessário para assegurar a qualidade do processo de aprendizado.

No longo prazo, as estruturas organizacionais de empresas que seguem o Sistema de Produção Toyota terão de mudar para se adaptar à natureza e à freqüência dos problemas que encontrarão. Como as mudanças organizacionais geralmente são feitas em um nível muito baixo, pode ser que, para quem está de fora, elas sejam difíceis de detectar. Isso se dá porque é a natureza dos problemas que determina quem deve resolvê-los e como deve ser o design da organização. Uma das conseqüências é que estruturas organizacionais distintas coexistem alegremente dentro da mesma fábrica.

Considere a fábrica de motores da Toyota em Kamigo, Japão. A unidade tem duas divisões de usinagem, cada uma com três oficinas de produção independentes. Quando fizemos uma visita ao local, no verão de 1998, o pessoal da produção da primeira divisão de usinagem respondia aos gerentes de oficina e os engenheiros de processo respondiam diretamente ao gerente da divisão. Contudo, na segunda divisão de usinagem, os engenheiros estavam distribuídos entre as três oficinas e, da mesma forma que os trabalhadores da produção, respondiam a diversos gerentes das oficinas. Nenhuma das duas estruturas organizacionais é inerentemente superior. As pessoas que entrevistamos explicaram que os problemas na primeira divisão acabaram criando uma situação em que era necessário que os engenheiros aprendessem uns com os outros, e os recursos de engenharia foram compartilhados. Em contraste, os problemas que surgiram na segunda divisão exigiram que o pessoal da produção e da engenharia cooperasse no nível das oficinas individuais. Portanto, as diferenças organizacionais refletem o fato de as duas divisões terem encontrado problemas distintos.

A idéia da Toyota quanto ao que seria o ideal

Ao inculcar o método científico em todos os níveis da força de trabalho, a Toyota se assegura de que as pessoas irão declarar claramente as expectativas que estarão testando quando implementarem as mudanças que planejaram. Mas, além desse ponto, descobrimos que as pessoas das empresas que seguem o Sistema de Produção Toyota compartilham um objetivo comum. Elas têm um senso comum do que seria o sistema de produção ideal e essa visão compartilhada as motiva a fazer melhorias além do que seria necessário meramente para atender às expectativas de seus clientes. Essa noção do que seria o ideal é extremamente contaminante e acreditamos que seja essencial para o entendimento do Sistema de Produção Toyota.

Quando falam do ideal, os empregados da Toyota não se referem a algo filosoficamente abstrato. Eles têm em mente uma definição concreta; uma definição notavelmente consistente em todos os níveis da empresa. Muito especificamente, para os empregados da Toyota, a produção ideal de uma pessoa, grupo ou máquina:

- É livre de defeitos (isto é, tem as características e o desempenho que atendem às expectativas do cliente).
- Pode ser entregue uma a uma (um lote de uma unidade).
- Pode ser fornecida sob demanda na versão solicitada.
- Pode ser entregue imediatamente.
- Pode ser produzida sem desperdício de material, mão-de-obra, energia ou de outros recursos (como custos associados ao estoque).
- Pode ser produzida em um ambiente de trabalho seguro física, emocional e profissionalmente para todos os empregados.

Encontramos pessoas nas fábricas que usaram o Sistema de Produção Toyota para promover mudanças que direcionavam as operações rumo a esse ideal. Em uma empresa de produtos eletromecânicos, por exemplo, descobrimos que os empregados haviam desenvolvido uma coleção de engenhosos registros de detecção de erros que geravam um sinal simples e não ambíguo de sim ou não, indicando se sua produção estava isenta de defeitos – como especificado no ideal. Em outra fábrica, que fabrica peças moldadas por injeção, descobrimos que os empregados haviam conseguido reduzir o tempo de troca de um enorme molde de já curtíssimos cinco minutos para três. Isso permitiu que a empresa reduzisse em 40% o tamanho dos lotes de cada parte produzida, aproximando o tamanho do lote ao ideal de uma única unidade. À medida que a Toyota avança em direção ao ideal, ela pode considerar temporariamente uma de suas dimensões mais importante do que outra. Algumas vezes isso resulta em práticas que vão de encontro ao que se acredita popularmente a respeito das operações da empresa. Já vimos casos em que a Toyota mantém altos níveis de estoque ou produz lotes maiores que seus observadores poderiam normalmente esperar de uma operação just-in-time, como descrevemos em "Contramedidas no Sistema de Produção Toyota", no fim deste artigo.

A situação ideal para a Toyota compartilha muitas características da noção popular de customização em massa – a capacidade de criar variações infinitas de um produto da forma mais eficiente e ao menor custo possível. Em última análise, a fábrica ideal da Toyota seria uma em que o cliente pudesse dirigir até uma plataforma de despachos, pedir um produto ou serviço customizado e recebê-lo imediatamente ao menor custo possível e sem defeitos. A diferença entre uma fábrica da Toyota hoje – ou a atividade de um empregado – e esse ideal é o terreno fértil onde se origina toda a tensão criativa necessária para esforços de melhoria futuros.

O impacto organizacional das regras

Se as regras tornam as empresas usuárias do Sistema de Produção Toyota uma comunidade de cientistas que executam experimentos contínuos, então por que será que essas organizações não estão em estado caótico? Por que será que uma única pessoa pode promover uma mudança sem afetar negativamente o trabalho de outras pessoas na linha de produção? Como pode a Toyota introduzir contínuas mudanças em suas operações e ao mesmo tempo mantê-las em sua máxima capacidade? Em outras palavras, como consegue a Toyota, ao mesmo tempo em que produz mudanças, permanecer estável?

Mais uma vez a resposta está nas regras. Ao tornar as pessoas capazes de melhorar suas atividades e de se responsabilizar por isso, padronizar as conexões entre consumidores individuais e fornecedores e conduzir a resolução de problemas de conexão e de fluxo para o nível mais baixo possível, as regras criam uma organização com estrutura modular aninhada, bem parecida com aqueles tradicionais bonecos russos em que um vem dentro do outro. O grande benefício de organizações aninhadas e modulares é que as pessoas são capazes de implementar mudanças de design em determinada parte sem afetar outras. É por essa razão que, na Toyota, os gerentes podem delegar tanta responsabilidade sem criar o caos. Outras empresas que seguem as regras também descobrirão que é possível mudar sem experimentar grandes distúrbios.

Naturalmente, as estruturas organizacionais de outras empresas têm características em comum com aquelas que seguem o Sistema de Produção Toyota, mas, em nossa pesquisa, não encontramos qualquer empresa que tivesse todas essas características e não seguisse o sistema. Pode ser que você consiga construir o sistema apenas investindo o tempo que a Toyota investiu. Mas acreditamos que se uma empresa se dedicar a dominar as regras, terá maior chance de replicar o DNA da Toyota – e, com isso, também o seu desempenho.

As quatro regras

O CONHECIMENTO TÁCITO subjacente ao Sistema de Produção Toyota pode ser capturado em quatro regras básicas. Essas regras orientam o design, as operações e as melhorias de cada atividade, conexão e caminho para cada produto ou serviço. As regras são as seguintes:

Regra 1: Todas as tarefas serão minuciosamente especificadas quanto a conteúdo, seqüência, timing e resultado.

Regra 2: Cada conexão cliente-fornecedor deve ser direta e deve haver um modo não ambíguo, com respostas sim ou não, de envio de pedidos e recebimento de respostas.

Regra 3: O caminho para cada produto e serviço deve ser simples e direto.

Regra 4: Qualquer melhoria deve ser executada segundo o método científico, sob a orientação de um professor e no nível mais baixo possível da organização.

Todas as regras exigem que atividades, conexões e caminhos de fluxo disponham de testes intrínsecos que sinalizem problemas automaticamente. É a resposta contínua a problemas que torna esse sistema, aparentemente tão rígido, tão flexível e adaptável a mudanças de circunstâncias.

Como os trabalhadores da Toyota aprendem as regras

SE AS REGRAS DO Sistema de Produção Toyota não são explícitas, como são transmitidas? Os gerentes da Toyota não dizem para seus empregados e supervisores especificamente como realizar suas tarefas. Em vez disso, usam uma abordagem de ensino e aprendizado que permite aos trabalhadores descobrirem as regras como uma conseqüência da resolução de problemas. Por exemplo, um supervisor que esteja ensinando a uma pessoa os princípios da regra 1 se dirigirá ao local de trabalho e, enquanto a pessoa estiver executando seu serviço, fará uma série de perguntas:

- Como você faz este trabalho?
- Como você sabe que está fazendo este trabalho da maneira correta?
- Como você sabe que o resultado estará livre de defeitos?
- O que você faz quando tem um problema?

Esse processo contínuo dá à pessoa insights cada vez mais aprofundados de seu trabalho específico. A partir de várias experiências desse tipo, a pessoa gradualmente aprende a generalizar o modo de executar o design de todas as atividades segundo os princípios incorporados na regra 1.

Todas as regras são ensinadas de forma semelhante – um método socrático de questionamento e resolução de problemas. Embora esse método seja particularmente eficaz para ensinar, leva a um conhecimento que é implícito. Conseqüentemente, o Sistema de Produção Toyota até aqui só tem sido transmitido com sucesso quando os gerentes desejam e são capazes de se engajar em um processo semelhante de questionamento para facilitar o aprendizado pela prática.

O compromisso da Toyota com o aprendizado

TODAS AS ORGANIZAÇÕES QUE ESTUDAMOS e que são gerenciadas segundo o Sistema de Produção Toyota compartilham de uma crença generalizada de que as pessoas são o patrimônio mais importante da empresa e que investir em seu conhecimento e capacitações é uma ação necessária para ganhar competitividade. É por esse motivo que nessas organizações todos os gerentes, segundo o que se espera deles, devem ser capazes de executar as tarefas de todas as pessoas sob sua supervisão, além de ensinar seus subordinados a resolver problemas de acordo com o método científico. O modelo de liderança se aplica tanto aos supervisores "líderes de equipe" de primeiro nível quanto aos executivos no topo da organização. Dessa forma, na Toyota, todos compartilham o desenvolvimento de recursos humanos. Com efeito, o caminho do ensino funciona em cascata, começando pelo gerente da fábrica, que deve repassar o treinamento para cada empregado. Para reforçar o processo de aprendizado e de melhoria, cada fábrica e cada unidade de negócios importante do Grupo Toyota emprega diversos consultores do Sistema de Produção Toyota cuja responsabilidade principal é ajudar os gerentes seniores a fazerem a organbização caminhar em direção ao ideal. Esses "aprendizes-líderes-professores" executam essa tarefa identificando problemas cada vez mais sutis e difíceis e ensinando às pessoas como resolvê-los pelo método científico.

Muitos desses indivíduos receberam treinamento intensivo na Divisão de Consultoria à Gestão das Operações (DCGO) da Toyota, que foi criada no Japão como extensão dos esforços de Taiichi Ohno – um dos arquitetos originais do

Sistema de Produção Toyota – para desenvolver e difundir o sistema em todos os níveis da empresa e com seus fornecedores. Muitos da alta gerência da montadora japonesa – inclusive o novo presidente da Toyota Motors, Fujio Cho – aprimoraram suas capacitações na DCGO. Durante a passagem pela DCGO, que pode se estender por anos, os empregados da Toyota são dispensados de todas as responsabilidades de linha e, em vez disso, são encarregados da liderança de atividades de melhoria e treinamento nas fábricas da empresa e de seus fornecedores. Ao dar apoio a todas as fábricas da empresa e a suas operações logísticas dessa forma, a DCGO atua como um centro de treinamento, desenvolvendo o expertise de seus consultores ao lhes proporcionar oportunidades de resolver muitos problemas difíceis e de ensinar aos outros como fazer o mesmo.

Em 1992, a empresa fundou, nos Estados Unidos, o Centro de Apoio ao Fornecedor Toyota (CAFT) a fim de oferecer às empresas da América do Norte o tipo de treinamento disponível no Sistema de Produção Toyota. Seguindo o modelo da DCGO, o CAFT já promoveu workshops para mais de 140 empresas e assistência direta para mais de 80. Embora a maioria dessas fábricas seja da indústria automobilística, apenas algumas poucas são fornecedoras exclusivas da Toyota. Os participantes se originam de outros setores e de universidades, organizações do governo e associações de indústrias. Efetivamente, grande parte da pesquisa para este artigo foi decorrente da experiência de um de seus autores, que foi membro da equipe do CAFT durante cinco meses, promovendo o Sistema de Produção Toyota em uma fábrica que fornece para a Toyota e em outras duas unidades industriais.

Contramedidas no Sistema de Produção Toyota

A TOYOTA NÃO CONSIDERA qualquer de suas ferramentas ou práticas – como o kanban e as cordas *andon,* que tantos observadores externos copiaram – fundamentais para o Sistema de Produção Toyota. A empresa as utiliza apenas como resposta temporária a problemas específicos que funcionarão até que uma abordagem melhor seja descoberta ou até que mudem as condições. A empresa se refere a essas práticas e ferramentas como "contramedidas" e não como "soluções" porque isso induziria o raciocínio de que os problemas estão permanentemente resolvidos. Ao longo dos anos, a empresa desenvolveu um consistente conjunto de ferramentas e práticas que utiliza como contramedidas, mas muitas já mudaram e até mesmo foram eliminadas à medida que as melhorias foram sendo feitas.

Assim, o fato de uma empresa utilizar ou não determinada ferramenta ou prática não é uma indicação de que esteja verdadeiramente aplicando as regras da Toyota de design e melhoria. Observamos, particularmente, ao contrário da impressão de que o conceito de estoque zero está no cerne do Sistema Toyota, muitos casos em que a empresa, na prática, aumenta seus estoques de materiais como contramedida. O sistema ideal, na verdade, dispensaria a necessidade de estoques, mas, na prática, algumas circunstâncias poderão exigir essa medida.

- **Paradas ou produção imprevisíveis**. Às vezes, uma pessoa ou uma máquina é incapaz de responder sob demanda em decorrência de um inesperado defeito mecânico. Por essa razão, estoques de segurança são usados para proteger o cliente de ocorrências aleatórias. A pessoa responsável por assegurar a confiabilidade de máquinas ou processos é a dona daquele estoque e luta para reduzir a freqüência e o tempo das paradas, de forma que o tamanho do estoque de segurança possa ser reduzido.
- **Preparações que consomem tempo**. Dificuldades de trocar o processamento de um produto de uma máquina para o processamento de outro produto poderá levar um fornecedor a deixar de atender imediatamente a alguma demanda. Portanto, os fornecedores produzirão o produto em lotes maiores que outros e reservarão o excesso, de forma que possam reagir imediatamente à demanda do cliente. É claro que os fornecedores permanecerão tentando re-

duzir continuamente os tempos de troca e manter o tamanho dos lotes e estoques os menores possíveis. Aqui, os donos tanto do problema quanto da contramedida são os operadores de máquina e o líder de equipe, que são responsáveis pela redução dos tempos de troca e pelo tamanho dos lotes.

- **Volatilidade no mix e no volume de demandas do cliente**. Em alguns casos, as variações das necessidades dos clientes são tão grandes e imprevisíveis que é impossível para uma fábrica ajustar sua produção com a rapidez necessária. Nesses casos, um estoque de emergência é mantido próximo ao ponto de despacho de mercadorias como contramedida. Esse estoque de emergência também serve como sinal para gerentes de produção e de vendas de que a pessoa que trabalha mais diretamente com o cliente deve ajudá-lo a eliminar as causas subjacentes para esse fenômeno, evitando grandes variações da demanda.

Em muitos casos, o mesmo tipo de produto existe em diferentes tipos de estoque. A Toyota não compartilha seus vários tipos de estoque, embora isso pudesse reduzir suas necessidades no curto prazo. Isso pode parecer um paradoxo para um sistema de gestão tão popularmente conhecido por sua aversão ao desperdício. Mas o paradoxo pode ser resolvido quando reconhecemos que os gerentes e trabalhadores da Toyota estão tentando casar cada contramedida com cada problema.

Não existe conexão entre a razão para a manutenção de estoques de segurança (*safety stock*) – confiabilidade do processo – e a razão para manter estoques de emergência (*buffer stock*) – flutuações de demanda. Compartilhar os dois tornaria difícil a distinção entre atividades separadas e as conexões entre clientes e fornecedores envolvidas. O estoque teria muitos donos e as razões para usá-lo se tornariam ambíguas. Portanto, compartilhar o estoque causa confusão quanto a quem é o dono e quanto à causa dos problemas, dificultando a introdução de melhorias.

Publicado originalmente em setembro-outubro de 1999
Reimpressão 99509

Aprendendo a liderar na Toyota

STEVEN J. SPEAR

Resumo Executivo

MUITAS EMPRESAS TENTARAM copiar o famoso sistema de produção da Toyota sem sucesso. Por quê? Parte da razão, segundo o autor, é que os imitadores falham em reconhecer os princípios subjacentes do Sistema de Produção Toyota (SPT) e, em vez disso, se concentram em ferramentas e práticas específicas.

Este artigo conta o outro lado da história. Dando seqüência a outro artigo publicado na revista *Harvard Business Review*, "Decodificando o DNA do Sistema de Produção Toyota", Spear explica como a empresa consegue inculcar em seus gerentes os princípios do SPT. Ele descreve o treinamento de um recruta de alto potencial – um talentoso jovem americano a caminho de uma posição de alto nível em uma das fábricas da montadora japonesa nos Estados Unidos. Rica em detalhes, a história oferece quatro lições básicas para qualquer empresa que deseje treinar seus gerentes no Sistema de Produção Toyota.

- Não existem substitutos para a observação direta. Os empregados da Toyota são encorajados a observar falhas no momento em que ocorrem. Por exemplo, sentar ao lado de uma máquina na linha de produção, observar e esperar por algum problema.
- As mudanças propostas devem ser sempre estruturadas como experimentos. Os empregados assumem pressupostos explícitos e

testáveis na análise de seu trabalho. Isso permite que eles examinem as lacunas entre os resultados previstos e reais.

- Trabalhadores e gerentes devem executar experimentos tão freqüentemente quanto possível. A empresa ensina seus empregados em todos os níveis a conseguir melhorias contínuas por meio de experimentos rápidos e simples – e não prolongados e complexos.
- Os gerentes devem fazer coaching, não consertos. Os gerentes da Toyota atuam como facilitadores, direcionando os empregados, mas não lhes dizendo onde devem encontrar oportunidades de melhoria.

Em vez de passar por um breve período de visitas assistidas, orientações e apresentações, como seria a prática de algumas empresas para seus novos executivos, o personagem desta história aprendeu o SPT da forma mais longa e difícil – praticando-o, que é como a Toyota treina seus novos empregados, independentemente de nível hierárquico ou função.

A TOYOTA É UMA DAS EMPRESAS MAIS comentadas do mundo, atraindo a atenção de jornalistas, pesquisadores e executivos que buscam estabelecer benchmarks com base em seu famoso sistema de produção. Tudo isso por uma boa razão: a Toyota vem superando repetidamente seus concorrentes em termos de qualidade, confiabilidade, produtividade, redução de custos, crescimento de vendas e de participação no mercado e capitalização de mercado. No fim de 2003, estava prestes a ultrapassar a DaimlerChrysler como terceira maior empresa automobilística da América do Norte em termos de produção, não apenas em vendas. Em termos de participação de mercado global, a montadora japonesa superou recentemente a Ford para se tornar a segunda maior montadora do mundo. No fim de 2003, sua receita líquida e capitalização de mercado eram superiores às de todos os seus concorrentes. Mas são exatamente todas essas conquistas que exigem a pergunta: Se a Toyota foi tão amplamente estudada e copiada, por que tão poucas empresas conseguiram igualar seu desempenho?

Em nosso artigo da *Harvard Business Review* de 1999, "Decodificando o DNA do Sistema de Produção Toyota", H. Kent Bowen e eu argumentávamos que parte do problema era que a maioria dos outsiders se concentrava nas práticas e ferramentas da Toyota – sistemas de corda, kanban, células de produção e outras – e não no conjunto básico de princípios operacionais. Em nosso artigo, identificamos quatro desses princípios – ou regras – que, juntos, asseguram que o trabalho habitual esteja estreitamente ligado ao aprendizado de como fazer melhor. Esses princípios levaram a melhorias, que estão em andamento, quanto à confiabilidade, flexibilidade, segurança e eficiência, resultando em maior participação de mercado e lucratividade crescente.

Como explicamos naquele artigo, a verdadeira conquista da Toyota não está na mera criação e uso das ferramentas em si, mas em tornar todas as suas tarefas uma série de experimentos sobrepostos e em andamento, seja na rotina de instalação de assentos de automóveis, seja no trabalho complexo, de grande porte e cheio de idiossincrasias de lançar um novo modelo ou inaugurar uma fábrica. Argumentamos que o evidente comprometimento da Toyota com a padronização não tem, em si, o propósito de controlar ou mesmo capturar melhores práticas. A padronização – ou, mais precisamente, a especificação explícita de como o trabalho será executado *antes de ser iniciado* –, na verdade, está conjugada a um trabalho de experimentação *à medida que é executado*. O resultado final é que as lacunas entre o que se espera o que acaba realmente sendo feito se tornam imediatamente visíveis. Não apenas os problemas são contidos, evitando que se propaguem e prejudiquem o trabalho de outros, mas também as lacunas entre a previsão e a realização são investigadas. Consegue-se um entendimento mais profundo dos produtos, processos e das pessoas e essa compreensão é incorporada em uma nova especificação, que se torna temporariamente uma "melhor prática" até que um novo problema seja descoberto. (Ver "O poder dos princípios", no fim deste artigo.)

Uma coisa é perceber que o Sistema de Produção Toyota (SPT) é constituído por experimentos complementares por meio dos quais as operações estão em constante melhoria; outra, é ter uma organização em que empregados e gerentes, em todos os níveis e em qualquer função, sejam capazes de vivenciar esses princípios e ensinar aos outros como aplicá-los. Decodificar o DNA da Toyota não significa que você consiga replicá-lo.

Então, como será que uma empresa poderá fazê-lo? Nas páginas seguintes, tentarei responder a essa pergunta ao descrever como um jovem e talentoso executivo americano, contratado para uma posição da administração superior de uma das fábricas da Toyota nos Estados Unidos, teve a sua iniciação no SPT. Seu treinamento foi algo que ele dificilmente teria esperado, tendo em vista seu currículo. Graduado em várias matérias em universidades americanas de primeira linha, ele já tinha sido gerente de uma grande unidade industrial de uma das concorrentes americanas da Toyota. Entretanto, em vez de passar por um breve período de visitas assistidas, orientações e apresentações que um cobiçado executivo recém-contratado poderia esperar, ele foi submetido ao aprendizado do SPT da forma mais demorada e difícil, ou seja, praticando-o, que é como a Toyota treina qualquer novo empregado, independentemente da posição hierárquica ou função. Levaria mais de três meses até que ele chegasse à fábrica da qual assumiria a gerência.

Nosso bambambã americano, a quem chamaremos de Bob Dallis, chegou à empresa pensando que já soubesse o básico do SPT – uma vez que já havia tomado algumas idéias emprestadas da Toyota para melhorar as operações em seu emprego anterior – e que estaria apenas fazendo o ajuste fino de seu conhecimento para melhorar as operações em seu novo desafio. Ele saiu do treinamento tendo percebido que a melhoria das operações atuais não era tarefa sua – isso deveria ser feito pelos próprios trabalhadores. Seu papel era ajudá-los a entender essa responsabilidade e capacitá-los a executá-la. Seu treinamento o ensinou a construir tarefas como experimentos, o que produziria a melhoria contínua e o constante aprendizado, e a repassar seu conhecimento para outros, de forma que fizessem o mesmo.

O programa

Dallis chegou ao escritório central da Toyota, no Kentucky, bem cedo em uma manhã de inverno, em janeiro de 2002. Foi recepcionado por Mike Takahashi (nome fictício), gerente sênior do Centro de Apoio ao Fornecedor da Toyota (CAFT), o grupo responsável pelo desenvolvimento das competências em SPT nas instalações industriais da Toyota e de seus fornecedores. Takahashi era responsável pela orientação de Dallis em sua chegada à empresa. Uma vez terminadas as formalidades iniciais, Takahashi levou Dallis em seu carro não à fábrica onde iria eventualmente trabalhar, mas a outra unidade da Toyota, onde o novato iniciaria o período de integração na empresa. Essa integração envolveria 12 semanas de trabalho intenso na fábrica de motores americana e 10 dias de trabalho e fazendo observações na Toyota e em fábricas de fornecedores da empresa no Japão. O conteúdo do treinamento de Dallis – assim como o de qualquer outro gerente da Toyota – dependeria, segundo a avaliação de Takahashi, daquilo que ele mais precisasse.

DE VOLTA AO BÁSICO

A primeira tarefa de Bob Dallis na fábrica americana de motores foi ajudar um pequeno grupo de 19 trabalhadores da linha de montagem de motores a melhorar a produtividade, a capacidade operacional de máquinas e equipamentos e a segurança ergonômica.[1] Nas primeiras seis semanas, Takahashi engajou Dallis em ciclos de observação e mudança dos processos de trabalho das pessoas, concentrando-o em produtividade e segurança. Trabalhando com os líderes do grupo, líderes de equipe e membros da equipe, Dallis preparava, por exemplo, relatórios de como atividades diferentes eram conduzidas, quem fazia o que e em que circunstâncias e como a informação, os materiais e serviços eram comunicados. Ele promovia mudanças para tentar resolver os problemas que havia observado e, em seguida, as avaliava.

Dallis não foi deixado por sua própria conta, apesar de sua experiência e realizações anteriores. Reuniões com Takahashi pontuavam sua semana de trabalho. Às segundas-feiras, Dallis devia explicar o seguinte: com base nas experiências e observações que fizera na semana anterior, qual era sua avaliação sobre o funcionamento do processo de montagem; quais, em sua opinião, seriam os problemas da linha de montagem; que mudança ele e outros haviam implementado ou tinham em mente para resolver esses problemas; quais eram os impactos esperados decorrentes de suas recomendações. Às sextas-feiras, Takahashi analisava o que Dallis havia feito, comparando os resultados efetivos com os planos e expectativas que haviam sido discutidos na segunda-feira.

Nas primeiras seis semanas, 25 mudanças foram implementadas a tarefas individuais. Por exemplo, várias prateleiras de peças foram reconfiguradas para que os trabalhadores tivessem o acesso aos materiais facilitado e a maçaneta de uma máquina foi reposicionada para reduzir a carga no pulso do trabalhador e melhorar a segurança ergonômica. Dallis e o resto do grupo também fizeram 75 recomendações de redistribuição do trabalho. Essas mudanças eram mais substanciais e exigiram a reconfiguração do espaço de trabalho. Por exemplo, mudar determinada peça do lugar onde estava instalada exigia o deslocamento do local de estocagem de materiais e a troca de um conjunto de cortinas de luz, assim como da fiação correspondente e dos códigos de computadores. Essas mudanças foram feitas com a ajuda de especialistas técnicos dos departamentos de manutenção e de engenharia quando a fábrica estava fechada para o fim de semana, depois da quinta semana de Dallis.

Dallis passou a sexta semana com Takahashi estudando a linha de montagem do grupo a fim de verificar se as 75 mudanças haviam surtido o efeito desejado. Eles descobriram que a produtividade dos trabalhadores e a segurança ergonômica haviam melhorado significativamente, como é mostrado no quadro "A linha de montagem da fábrica de motores americana – antes e depois". Infelizmente, essas mudanças haviam também reduzido a disponibilidade operacional das máquinas. Isso não quer dizer que as mudanças que melhoraram a produtividade e a ergonomia haviam provocado a quebra mais freqüente das máquinas. Antes das mudanças terem sido feitas, havia folga suficiente no trabalho. Assim, se uma máquina falhasse, geralmente não haveria inconveniência ou conseqüência alguma para qualquer um. Mas, com as mudanças promovidas por Dallis, o grupo conseguia usar 15 pessoas em vez de 19 para obter o mesmo resultado. Além disso, foi possível reduzir o tempo exigido por cada tarefa e melhorar sua distribuição. Com um sistema com menos folga, os problemas com as máquinas, anteriormente inconseqüentes, agora provocavam efeitos significativos.

Depois que Dallis promoveu melhorias nas tarefas humanas na linha de montagem, Takahashi mudou sua atividade, que passou a ser estudar como as máquinas funcionavam. Isso levou mais seis semanas, com os dois se encontrando às segundas e sextas-feiras. Takahashi pediu que Dallis, possuidor de dois títulos de doutor em engenharia, ficasse observando máquinas específicas até que falhassem. Dessa forma, ele poderia investigar diretamente as causas. Isso levou algum tempo. Embora falhas decorrentes do método de trabalho ocorressem quase duas vezes por minuto, falhas de maquinário eram bem menos freqüentes e geralmente ficavam escondidas dentro de suas engrenagens.

A linha de montagem da fábrica de motores americana – antes e depois

A tabela a seguir descreve o impacto das mudanças promovidas por Dallis na linha de montagem da fábrica de motores americana durante suas primeiras seis semanas de trabalho no local. Ele promoveu substanciais melhorias de produtividade – reduzindo o número de trabalhadores e de ciclos. Ele e o grupo também promoveram significativas melhorias em segurança (eliminando quatro processos e aperfeiçoando os outros). Contudo, a disponibilidade de máquinas decresceu em 80% a 90% durante o mesmo período. Nas seis semanas seguintes, ele e sua equipe foram capazes de restaurar a disponibilidade para 90%, mas isso ainda estava abaixo da meta de 95%.

	Antes	Depois
Produtividade		
Número de operadores	19	15
Tempo do ciclo	34 segundos	33 segundos
Tempo total de trabalho/máquina	661 segundos	495 segundos
Ergonomia*		
Processos vermelhos	7	1
Processos amarelos	2	2
Processos verdes	10	12
Disponibilidade operacional	≈90%	≈80%

* Os processos foram classificados de piores (vermelho) a melhores (verde) segundo sua ergonomia – fórmula que levou em consideração o peso levantado, o alcance, a torção e outros fatores de risco.

Mas, como Dallis observou as máquinas e as pessoas que trabalhavam a seu redor, ele começou a perceber que uma série de falhas eram aparentemente provocadas pela interação das pessoas com as máquinas. Por exemplo, ele concluiu que quando um trabalhador carregava engrenagens em um gabarito que então encaixava dentro da máquina, com freqüência o botão de funcionamento era acidentalmente acionado antes que o gabarito estivesse perfeitamente alinhado, o que travava a máquina. Para resolver o problema, Dallis ordenou que o departamento de manutenção trocasse o interruptor de lugar. Ele também observou outro operador empurrando um palete para dentro da máquina.

Depois de investigar várias falhas mecânicas, ele percebeu que o palete algumas vezes passava por cima de um pára-choque da máquina. Ao substituir esse pára-choque por outro com um perfil diferente, ele conseguiu eliminar essa causa específica de falhas. A observação direta de aparelhos, a análise da raiz das causas de cada defeito e a imediata reconfiguração para remover as prováveis causas aumentaram a disponibilidade operacional em 90%, uma melhoria substancial, embora abaixo da meta de 95% que Takahashi havia estabelecido para Dallis.

A CLASSE DE MESTRES

Depois de 12 semanas na fábrica americana de motores, Takahashi avaliou as ações de Dallis e concluiu que ele havia feito algum progresso na observação de pessoas e máquinas e na estruturação de contramedidas, como experimentos a serem testados. Contudo, Takahashi estava preocupado pelo fato de Dallis ter assumido grande parte da responsabilidade pelas mudanças e também porque o ritmo em que ele conseguiu testar e refinar as melhorias era lento demais. Takahashi decidiu que já era o momento de mostrar a Dallis como a Toyota praticava as melhorias em sua própria casa. Os dois voaram para o Japão e os três primeiros dias do americano ali foram gastos trabalhando na famosa fábrica da Toyota em Kamigo – onde Taiichi Ohno, um dos principais arquitetos do SPT, havia desenvolvido muitas de suas principais inovações. Na manhã de sua chegada, Takahashi colocou em prática a primeira de muitas surpresas: durante seu período na fábrica, Dallis deveria trabalhar ao lado de um empregado em uma célula de produção e promover 50 melhorias – isto é, mudanças efetivas no modo como o trabalho era executado. Isso, na prática, equivalia a uma mudança a cada 22 minutos e não uma por dia, como vinha sendo a sua média ao longo de suas primeiras cinco semanas de treinamento.

O objetivo inicial estabelecido para Dallis foi reduzir o "excesso de carga" de cada trabalhador – andar, se esticar e outros esforços que não agregavam valor ao produto e cansavam ou atrapalhavam o operador e aumentavam o tempo do ciclo. O colega de trabalho de Dallis não falava inglês e um tradutor não estava disponível, portanto, os dois tiveram que aprender a se comunicar por meio do ambiente físico e de modelos, desenhos e desempenho de papéis. Posteriormente, Dallis especulou que a lógica de começar com "excesso de carga" era obter a cumplicidade do trabalhador a quem estava sendo solicitado que fizesse o trabalho normal ao mesmo tempo em que seria interrompido por um estranho que não falava uma palavra de japonês. Há também um significado semântico no enunciado: o foco no "excesso de carga" enfatiza o impacto do design da tarefa na pessoa. Em contraste, focar em "desperdício" sugere que aquela pessoa seria o problema.

Dallis aplicou a abordagem que havia aprendido na fábrica de motores americana. Certo dia, ele passou três horas observando seu novo colega de trabalho e, ao final do turno, orgulhosamente relatou que havia tido sete idéias, quatro das quais haviam sido implementadas por ele e por seu parceiro. Então Takahashi apresentou sua segunda surpresa: ele disse a Dallis que dois líderes de equipe japoneses que estavam fazendo o mesmo treinamento – pessoas com cargos muito menos elevados do que aquele para o qual Dallis estava sendo preparado – haviam gerado 28 e 31 idéias de mudança, respectivamente, dentro do mesmo período de tempo. Com certa humildade, Dallis acelerou o ritmo, procurando por outras oportunidades de fazer melhorias e tentando, com ainda mais empenho, encontrar métodos "rapidinhos e sujos"* de testar idéias: aparafusar em vez de soldar as peças, colar em vez de aparafusar e encaixar em vez de colar –

Nota do Tradutor: No original *quick and dirty*. O termo é usado para descrever uma solução bruta, não necessariamente perfeita ou limpa, mas que resolve ou disfarça o problema imediato e que geralmente é mais fácil e rápida de implementar do que uma solução mais definitiva.

qualquer coisa que acelerasse o ritmo do feedback. Às 11h da manhã do segundo dia, ele e seu parceiro haviam aumentado a lista para 25 idéias. Takahashi iria visitar a oficina enquanto os dois estivessem trabalhando, perguntar a Dallis em que ele estava concentrado e, em seguida, formular questionamentos extremamente específicos sobre as idéias de mudança. "Antes que eu pudesse dar uma resposta especulativa", relembra Dallis, "ele me mandava verificar ou experimentar pessoalmente".

Dallis descobriu que sua capacidade de identificar e resolver problemas crescia com a prática e, na manhã do terceiro dia, em vez de examinar os detalhes das tarefas individuais rotineiras, seu trabalho passou a ser identificar problemas na configuração das células de produção como um todo e o efeito que isso tinha nos movimentos físicos dos operários. "Havia duas máquinas, com manômetros e prateleiras para peças. Uma mudança de lâmina de corte consumia oito etapas em uma delas e 24 na outra. Haveria configuração mais adequada que reduzisse o número de etapas e o tempo consumido? Descobrimos um modo de simular a mudança antes de efetivamente manipular o equipamento pesado necessário para efetuar a troca", disse Dallis. Depois de três dias, ele havia identificado 50 problemas relacionados a testes de qualidade, mudanças de lâminas de corte e outras tarefas da oficina, 35 das quais havias sido resolvidos no local. (Os efeitos dessas mudanças estão sumariados na tabela "O boletim de Kamigo".)

Takahashi levou Dallis a concluir seu treinamento no chão-de-fábrica com a apresentação de seu trabalho ao gerente da fábrica, ao gerente da oficina de usinagem e aos líderes de grupo das oficinas. Ao longo do caminho, Dallis vinha mantendo cuidadosamente um registro das mudanças e seus efeitos. Esse registro listava operações na oficina, os problemas individuais que Dallis havia observado, as contramedidas para cada problema, o efeito da mudança e as reações dos operários do primeiro e do segundo turnos às contramedidas. (Ver quadro "Excertos dos registros de Dallis".) Fotos e diagramas complementavam as des-

__O boletim de Kamigo__

Durante seus três dias na oficina de usinagem, Dallis documentou os efeitos de 50 mudanças que ele havia efetuado nos movimentos de trabalho (os movimentos físicos desempenhados pelos operários de linha) e no layout das células. As mudanças foram categorizadas segundo a natureza da atividade – andar, esticar-se ou outros movimentos – e promoveram um corte de cerca de 800m de caminhada por turno, por operador, além de reduzir os perigos ergonômicos e de segurança.

	TESTES DE QUALIDADE*		TROCAS DE LÂMINAS DE CORTE*			OUTROS TRABALHOS	
	Andando	**Esticando-se**	**Outros**	**Andando**	**Esticando-se**	**Outros**	
Número de mudanças	8	8	13	7	4	5	5
Efeito das mudanças	Redução de 20m (50%) por verificação	Redução de 2m ao se esticar	Eliminação do risco de tropeços, organização das lâminas de corte para reduzir o risco de confusão	50m de redução por troca de lâmina de corte	180cm de redução ao se esticar	Melhorias na ergonomia, organização para reduzir o risco de confusão	Eliminação do risco de tropeços, simplificação da troca de óleo

*As verificações da qualidade eram executadas de duas a três vezes por hora e as trocas de lâminas de corte eram feitas a cada hora.

Excertos dos registros de Dallis

Durante todo o período de treinamento, Dallis manteve um minucioso registro diário dos problemas identificados, das soluções propostas e dos resultados esperados e efetivos.

O excerto a seguir mostra dois dos problemas identificados por Dallis. Observe que ele obteve aprovação para as mudanças das pessoas que executavam o trabalho. Isso porque, ao final do dia, as pessoas que executam as tarefas devem ser as donas das soluções. Esse tipo de inversão hierárquica é uma característica comumente encontrada nas operações da Toyota.

Número do problema	Localização	Descrição	Contramedida	Resultado	Data	Aprovado 1º Turno	Aprovado 2º Turno
4	Estação 6R	Membro da equipe caminha 4m para pegar e depois retornar manômetro de verificação da primeira peça durante a troca de lâminas de corte	Transferir o manômetro de verificação da primeira peça da mesa para a prateleira entre as estações 5 e 6	Redução de 4m de caminhada para a troca da lâmina de corte	8 de maio	Sim	Sim
58	Área de medição de peças	Membro da equipe dá 5 passos para devolver rotadores ao tubo de retorno, contornando um poste de luz	Remover poste (obstrução) e mover o manômetro de verificação de peças em 45°	Redução da caminhada em 2 passos	Não implementado	Sim (Pendente com o departamento de manutenção)	Sim (Pendente com o departamento de manutenção)

crições. "Durante as apresentações", relatou Dallis, "o gerente geral da fábrica, o gerente da oficina de usinagem e os líderes de grupo estavam atentos àquilo que eu e outros 'humildes' líderes de equipe dizíamos. Dois terços da audiência tomava notas ativamente durante as apresentações dos líderes de equipe e faziam perguntas específicas o tempo todo."

Depois da apresentação de Dallis, Takahashi gastou o resto da semana lhe mostrando como os líderes de grupo da Toyota – as pessoas responsáveis por algumas equipes de montagem ou de usinagem, cada uma com três a sete membros – gerenciaram e apresentaram seus projetos de melhoria. Em um caso, um líder de grupo estava explorando formas de reduzir os tempos de troca de máquinas e de estabelecer um ritmo de produção mais homogêneo para um processo de injeção e moldagem. Em outro caso, um líder de grupo estava tentando encontrar maneiras de reduzir os tempos de parada das máquinas. Em todas as apresentações, os líderes de grupo explicaram os problemas com que estavam lidando, os processos que usaram para desenvolver contramedidas e o efeito que essas contramedidas tiveram no desempenho. Dallis percebeu rapidamente que a expectativa era de que as pessoas, em todos os níveis, mesmo aquelas subordinadas ao cargo para o qual estava sendo treinado, deveriam estruturar seu trabalho e as melhorias como experimentos.

Lições aprendidas

Embora Takahashi, em nenhum momento, tenha dito a Dallis exatamente o que se esperava que ele aprendesse a partir de sua experiência, a metodologia do treinamento descrita é tão consistente e específica que revela pelo menos quatro princípios fundamentais subjacentes. Junto com as regras descritas em nosso artigo de 1999, as lições seguintes poderão ajudar a explicar por que a Toyota permanece como a mais proeminente fabricante do mundo.

Lição 1: Não existem substitutos para a observação direta

Ao longo de todo o período de treinamento de Dallis, lhe foi exigido que observasse o trabalho dos operários e o funcionamento das máquinas. A ele foi pedido que não tentasse "descobrir", como se fora um detetive tentando resolver um crime já cometido, por que uma máquina tinha falhado. Deveria permanecer no lugar e aguardar até que pudesse observar a falha – que esperasse que a falha lhe dissesse o que precisava saber.

A apresentação de um dos líderes de grupo em Kamigo descrevia esse princípio em prática. Em um projeto para melhorar a manutenção de máquinas, se tornou claro para o grupo que os problemas das máquinas só se tornavam evidentes quando as falhas aconteciam. Em resposta, os líderes de grupo das oficinas removeram as coberturas opacas de várias máquinas de forma que os operadores e líderes de equipe pudessem ver e ouvir o funcionamento interno e, assim, melhorar a capacidade de avaliar e prever problemas com as máquinas. Essa abordagem é bem diferente da observação indireta de que depende a maioria das empresas – relatórios, entrevistas, pesquisas, narrativas, dados agregados e estatísticas. Não que essas abordagens indiretas sejam erradas ou inúteis. Elas têm o seu valor e pode ser que alguém perca a perspectiva do todo quando confia apenas na observação direta. Essa, no entanto, é essencial. Nenhuma combinação de métodos indiretos, por mais engenhosa que seja, poderá substituí-la.

A experiência gerencial anterior de Dallis em fábricas talvez pudesse tê-lo preparado para enfrentar operações de maior escala ou escopo. Entretanto, se Takahashi tivesse encarregado Dallis de um projeto mais abrangente, talvez ele não tivesse aprendido a observar com tal precisão. As seis primeiras semanas do novo executivo na fábrica de motores americana significaram que ele teve até 23.824 oportunidades de observar ciclos completos de trabalho. Como seu trabalho estava limitado a uma linha de produção de 19 pessoas, ele teve chance de observar mais de mil ciclos de trabalho por pessoa. Isso lhe deu um profundo insight da produtividade e da segurança da linha de produção.

Lição 2: As mudanças propostas devem ser sempre estruturadas como experimentos

No método científico, experimentos são usados para testar hipóteses e os resultados são utilizados para refiná-las ou rejeitá-las. As soluções propostas por Dallis para resolver os problemas estavam estruturadas de forma tal que ele infiltrava pressuposições explícitas e testáveis em sua análise do trabalho. Durante todo o período de treinamento, portanto, ele devia explicar as lacunas entre os resultados previstos e os reais. Em suas reuniões com Takahashi na fábrica de motores americana, por exemplo, lhe era exigido que propusesse hipóteses às segundas-feiras e apresentasse os resultados de seus experimentos na sexta. No Japão, ele teve de apresentar suas mudanças como testes de relações causais, declarando o problema que havia observado, sua causa-raiz, segundo sua avaliação, a mudança que havia efetuado e o efeito efetivo da contramedida no desempenho.

Naturalmente, muita gente que tenta melhorar um processo tem alguma idéia de quais seriam os problemas e como poderiam resolvê-los. A diferença com o SPT – e essa é a chave – é que se busca entender profundamente tanto o problema quanto a solução. Por exemplo, qualquer gerente poderia dizer: "Talvez a prateleira de peças devesse ficar localizada mais próxima às mãos do operador. Se a trocarmos de lugar aposto que diminuiremos alguns segundos do ciclo." Se ele tentasse implementar a solução e descobrisse que economizou seis segundos, provavelmente ficaria feliz e consideraria o problema resolvido.

Entretanto, aos olhos de um gerente da Toyota, como Takahashi, tal resultado indicaria que o gerente não entendeu completamente a tarefa que estava tentando melhorar. Por que não teria sido ele mais específico sobre a distância que a prateleira precisava ser deslocada? E quantos segundos esperava economizar? Quatro? Se a economia atual é de seis segundos, isso é motivo de comemoração, mas também de questionamentos adicionais. Por que houve uma diferença de dois segundos entre o que se esperava e o resultado obtido? Com a meticulosidade explícita encorajada por Takahashi, a discrepância motivaria investigação mais profunda quanto ao funcionamento do processo e, talvez mais importante, quanto a como determinada pessoa estudou e melhorou o processo.

Lição 3: Trabalhadores e gerentes devem promover experimentos tão freqüentemente quanto possível

Na Toyota, o foco é em experimentos – muitos, rápidos e simples, em vez de poucos, longos e complicados. Isso se tornou particularmente evidente quando Dallis foi ao Japão. Enquanto nos Estados Unidos ele promoveu 25 mudanças em seis semanas (antes da blitz do fim de semana durante a qual 75 mudanças foram efetuadas), no Japão ele teve de fazer 50 mudanças em dois turnos, o que significou uma mudança a cada 22 minutos. Isso o encorajou a aprender a partir de pequenas mudanças incrementais em vez de grandes mudanças estruturais. Ele ficava observando o trabalho que estava sendo feito, percebia rapidamente onde havia dificuldades e, então, testava rapidamente seu entendimento, implementando uma contramedida, acelerando, assim, o ritmo em que descobria "contingências" ou "interferências" nos processos. Esse é precisamente o modo como os trabalhadores da Toyota praticam a melhoria de processos. Eles não podem "praticar" fazer uma mudança porque a mudança só pode ser feita uma vez. Mas podem praticar muitas vezes o processo de observação e de testes.

Para assegurar que Dallis receberia o treinamento de que precisava e internalizaria o entendimento dali decorrente, Takahashi estruturou o treinamento do novo gerente de forma que a complexidade de seus experimentos aumentasse gradualmente. Quando Dallis começou seu estágio na fábrica de motores americana, ele conduziu experimentos de "fatores únicos", mudando pequenos elementos de trabalho individual em vez de tentar modificar um sistema mais amplo. Além disso, seus esforços ali começaram com métodos individuais de trabalho e foram progredindo para problemas mais sutis e complexos no maquinário apenas quando, ao longo de seis semanas, ele já havia desenvolvido suas habilidades de observar e resolver problemas. Portanto, ele progrediu dos problemas mais fáceis de observar para os mais difíceis. Se cada ciclo de aprendizado se mantiver curto e limitado, o aprendiz poderá cometer erros e as conseqüências não serão severas. Essa abordagem permite aumentar a motivação do aprendiz para assumir riscos e aprender fazendo. O treinamento de Dallis em Kamigo espelhou o seu progresso: ele começou, mais uma vez, com questões de "sobrecarga" em seu método de trabalho antes de ser transferido para as máquinas.[2]

Lição 4: Os gerentes devem fazer coaching e não consertos

O treinamento de Dallis não apenas lhe deu insight em como a Toyota produz melhorias contínuas, mas também o ajudou a entender o relacionamento peculiar entre os gerentes da Toyota e os trabalhadores. O próprio Dallis havia sido recompensado por seu empregador anterior por ter sido um solucionador de problemas, embora de uma forma mais participativa e inclusiva do que a maioria. O que ele viu na Toyota, em contraste, foi trabalhadores e gerentes de hierarquia inferior constantemente resolvendo problemas. Efetivamente, quanto mais graduado o gerente, menores as possibilidades de ele resolver problemas pessoalmente.

Os gerentes da Toyota trabalham como facilitadores. Durante todo o período de treinamento de Dallis, Takahashi – um dos gerentes operacionais mais experientes da empresa – posicionou-se como professor e coach, não como especialista tecnológico. Ele submeteu Dallis a experiências sem explicitar o que ele deveria aprender. Mesmo quando habilidades específicas eram demandadas, estas serviam apenas para auxiliar a observação e a experimentação. Por exemplo, Takahashi mostrou a Dallis como observar um trabalhador individual, de forma que fosse possível detectar sinais de estresse, desperdício de esforços e assim por diante. Orientou-o também sobre como desenvolver protótipos, mas, em nenhum momento, fez qualquer sugestão de melhoria de processos. Em vez disso, seu trabalho foi orientar Dallis sobre como identificar oportunidades para essas melhorias (escalando-o a estudar uma pessoa ou máquina, detectar sinais de estresse, esforço e erros) e mostrar-lhe como desenvolver e testar possíveis contramedidas.

Takahashi também deu a Dallis os recursos necessários para que ele agisse rapidamente. Por exemplo, em Kamigo, Dallis teve a ajuda de um operário de manutenção para deslocar equipamentos, criar instalações, remanejar canos e dutos elétricos e fazer outros serviços especializados de forma que ele pudesse testar tantas idéias quanto possível. Takahashi e o gerente da oficina compareceram também à célula de operações de usinagem para analisar as idéias de Dallis. Eles lhe deram sugestões sobre liderar suas mudanças antes de pedir aos trabalhadores de apoio que usinassem partes ou realocassem equipamentos. Quando Dallis quis girar alguns manômetros que eram usados para testar peças, o gerente da oficina lhe mostrou como fazer, de maneira rápida e barata, protótipos de papelão para testar a localização, a orientação, o tamanho e assim por diante.

O resultado desse relacionamento incomum entre gerentes e trabalhadores é um alto grau de sofisticadas soluções de problemas em todos os níveis da organização. Dallis observou: "Como ex-empregado de uma fábrica de motores, vi uma linha de produção em Kamigo que tinha 15 anos de funcionamento, mas que tinha capacidade de construir 90 tipos diferentes de motor. O modo tão simples como eles resolveram todo tipo de problema com equipamentos foi incrível. Por trás daquelas mudanças havia um enorme grau de profundas reflexões." A filosofia básica da empresa é de que qualquer sistema operacional pode ser melhorado se um número suficiente de pessoas, em todos os níveis da organização, estiverem observando e experimentando com a devida atenção. (Afinal, se fossem esperadas mudanças apenas dos chefões, toda aquelas "coisinhas" pequenas seriam ignoradas.) O fato de Dallis, após apenas três meses na fábrica americana de motores, ter sido capaz de dar autonomia (empowerment) a outros empregados em Kamigo – uma das maiores fábricas da empresa –, para que fossem implementadas 50 melhorias, oferece um insight das razões pelas quais a Toyota se mantém à frente da concorrência.[3]

De volta aos Estados Unidos

Para verificar se Dallis tinha aprendido as lições certas em seu treinamento, Takahashi o enviou de volta para a fábrica de motores nos Estados Unidos, onde tudo havia começado. Como vimos, antes de embarcar para o Japão, Dallis já tinha ajudado a fazer substanciais melhorias na produtividade da linha de produção e na segurança ergonômica. Entretanto, ele tinha sido incapaz de aumentar a disponibilidade operacional para 95%. Agora, com seu retorno à fábrica, Takahishi o incumbiu de voltar a tentar atingir aquela meta. Contudo, Dallis tinha passado por uma mudança de postura em relação a seus dias iniciais, quando ele se enxergava como um solucionador de problemas. Com a ajuda de Takahashi, Dallis trabalhou em conjunto com o líder de grupo de linha de montagem e subgerente de forma a desenvolver as habilidades dos membros e líderes de equipe para solucionar problemas. A questão era ensinar à equipe como resolver pequenos problemas simultaneamente, de forma que a linha pudesse se recuperar rapidamente quando ocorresse alguma anomalia. Por exemplo, a equipe percebeu que tinha dificuldades em rastrear o trabalho que precisava ser feito e em identificar os problemas no momento em que ocorriam. Portanto, deveria melhorar o seu "gerenciamento visual" do trabalho – o que ia bem, o que ia mal e o que precisava ser feito. Dallis sentou-se com o líder do grupo e subgerente, fez uma programação para a identificação de problemas específicos e distribuiu responsabilidades entre os membros da equipe. À medida que os trabalhadores observavam e desenvolviam contramedidas, Dallis fazia visitas ao grupo e, do mesmo modo que Takahashi havia feito com ele, formulava perguntas específicas que os obrigava a prestar atenção às minúcias do problema no momento em que aconteciam. Para sua alegria, o grupo atingiu a meta antes do prazo e aumentou a disponibilidade operacional para 99%.

Dallis havia retornado para os Estados Unidos com um foco diferente. A partir do que havia percebido no treinamento ministrado por Takahashi – e pelo que havia visto no treinamento de outras pessoas – os esforços de um gerente sênior, como era o seu caso, deveriam ser dirigidos não à operacionalização direta de melhorias, mas à produção de uma equipe de excelentes líderes de grupo que aprendem por meio de experimentações contínuas. A meta de 95% de disponibilidade operacional na fábrica de motores americana era a mesma, mas agora ele havia aprendido de quem era a meta – e não era dele. Nesta altura, Takahashi finalmente liberou Dallis de seu treinamento para que assumisse integralmente as responsabilidades como gerente.

PARA QUALQUER UM QUE ESTEJA TENTANDO entender como o Sistema de Produção Toyota realmente funciona, provavelmente não há substituto para o tipo de imersão a que Dallis foi submetido. Para entender o SPT é preciso vivenciá-lo – que dirá aperfeiçoá-lo. Além disso, qualquer um que, como Dallis, venha de fora, estará se juntando a uma organização com um extenso histórico de capacidade para promover modificações e melhorias em um ritmo que poucas empresas jamais chegaram perto. Ninguém pode ter a expectativa de assimilar – e muito menos recriar – uma cultura tão forte e distinta em apenas algumas semanas ou mesmo alguns meses. Contudo, qualquer empresa que consiga desenvolver e implementar um programa de treinamento semelhante ao que Dallis participou certamente será capaz de colher enormes dividendos. Uma organização que aplique essas regras ao design de suas operações, e que treine seus gerentes para também aplicá-las, terá dado um enorme passo na reprodução do DNA do Sistema de Produção Toyota.

Notas

1. Disponibilidade operacional é igual ao tempo de operação da máquina dividido pelo tempo de uso da máquina. Por exemplo, se uma máquina exige oito minutos para limar uma superfície, mas, em decorrência de travamentos e outros defeitos, forem necessários dez minutos para se completar a tarefa, então, a disponibilidade operacional será 80%. Idealmente, a disponibilidade operacional seria 100%, isto é, a máquina funcionar sempre que necessário.

2. A abordagem incremental também foi útil para Takahashi, que a utilizou para ensinar Dallis. Ele observou diretamente o trabalho de Dallis, criando ciclos de aprendizado curtos, com um feedback rápido, de forma a poder estar sempre reavaliando o conhecimento e as habilidades de seu aluno, tanto para lhe dar feedback e ajudá-lo a aprender quanto para criar o próximo incremento no aprendizado.

3. Segundo Takahashi, a expectativa era de que os líderes de grupo em Kamigo – gerentes que supervisionavam diversas oficinas ou células – despendessem 70% de seu tempo em trabalhos de melhoria de processos. Esse tempo era geralmente repartido entre três ou quatro equipes, sugerindo que se esperava de seus líderes – pessoas que gerenciavam uma oficina ou célula – que gastassem, no mínimo, 20% de seu tempo em trabalhos relacionados a melhorias.

O poder dos princípios

O INSIGHT DE QUE a Toyota aplica princípios subjacentes em vez de ferramentas e processos específicos explica por que a empresa continua a superar o desempenho de suas concorrentes. Muitas organizações tentaram copiar as ferramentas da Toyota em vez de seus princípios. O resultado foi que muitas acabaram implementando sistemas de produção rígidos e inflexíveis que funcionaram bem no curto prazo, mas que não passaram pelo teste do tempo.

Reconhecer que o SPT caracteriza-se pela aplicação de princípios em vez de ferramentas permite às empresas muito diferentes da montadora japonesa explorarem seus recursos de sucesso. A Alcoa, uma empresa cujos processos em larga escala – refino, fundição de minérios etc. – têm muito pouca semelhança às operações de fabricação de peças e montagem da Toyota, tomou por base as regras do SPT em seu Alcoa Business System (ABS). A Alcoa alega que seu ABS economizou mais de $1,1 bilhão no período de 1998 a 2000, além de melhorar a segurança, produtividade e qualidade.

Em outro exemplo, projetos-piloto que aplicam as regras no Centro Médico da Universidade de Pittsburgh, e em outras organizações de assistência de saúde, resultaram em enormes melhorias na administração, no tratamento e em outros processos críticos, provendo serviços médicos de melhor qualidade aos pacientes e liberando os funcionários de tarefas não produtivas, além de promover a economia de custos e eficiências operacionais.

Publicado originalmente em maio de 2004
Reimpressão R0405E

Alinhando incentivos em cadeias de suprimentos

V.G. NARAYANAN E ANANTH RAMAN

Resumo Executivo

A MAIORIA DAS EMPRESAS NÃO SE PREOCUPA com o comportamento de seus parceiros na cadeia de suprimentos. Em vez disso, espera que a cadeia de suprimentos funcione eficientemente, sem interferências, como se guiada pela famosa mão invisível de Adam Smith. Em estudos sobre mais de 50 redes de suprimento, V.G. Narayanan e Ananth Raman descobriram que as empresas freqüentemente se preocupam com seus próprios interesses e ignoram os de seus parceiros. Conseqüentemente, o desempenho dessas cadeias de suprimentos é deficiente.

Esses resultados não são surpreendentes quando se considera que as cadeias de suprimentos se estendem por várias funções e por muitas empresas que têm, cada uma, suas próprias prioridades e objetivos. Entretanto, todas essas funções e empresas devem remar na mesma direção para que a cadeia possa entregar aos consumidores produtos e serviços de forma rápida e com relação de custo-benefício adequada.

De acordo com os autores, uma cadeia de suprimentos só funciona bem se risco, custos e recompensas da prática de negócios forem distribuídos de maneira justa ao longo desse network. Na realidade, incentivos mal alinhados são geralmente a causa do excesso ou da falta de estoques, de previsões incorretas, esforços inadequados de vendas e mesmo um serviço ao consumidor sem qualidade. Os destinos de todos os parceiros da cadeia de suprimentos estão interligados. Se as empresas trabalharem juntas para servir os clientes, todas ganharão. Contudo, isso só será possível se os incentivos estiverem alinhados.

As empresas devem reconhecer que o problema do desalinhamento de incentivos existe. Assim, deverão determinar as raízes das causas e alinhar e redesenhar os incentivos. Por exemplo, elas poderão melhorar o alinhamento mediante a adoção de contratos de participação nas receitas, usando tecnologia para rastrear informações anteriormente ocultas ou, então, trabalhando com intermediários para construir uma relação de confiança entre os parceiros na rede. É importante também reavaliar os incentivos periodicamente, porque mesmo as redes com o mais alto desempenho acreditam que mudanças nas tecnologias ou nas condições de trabalho alteram os incentivos.

WALL STREET AINDA SE LEMBRA do dia em que se ouviu que a tão propalada cadeia de suprimentos da Cisco quebrara. Em um louco 16 de abril de 2001, a maior rede de fabricação de equipamentos de network do mundo chocou os investidores quando os avisou de que em pouco tempo sucatearia em torno de $2,5 bilhões de matérias-primas excedentes – uma das mais memoráveis baixas contábeis de ativos na história dos negócios nos Estados Unidos. A empresa relatou em maio perda líquida de $2,69 bilhões no trimestre e o preço de suas ações despencou aproximadamente 6% no dia em que o anúncio foi feito. Talvez a Cisco tivesse sido pega desprevenida pela velocidade com que os Estados Unidos tinham avançado em direção à recessão, mas teria sido possível que esse modelo de excelência de cadeia de suprimentos tivesse interpretado erroneamente uma demanda futura de $2,5 bilhões, quase metade de suas vendas no trimestre? Especialistas culparam o novo software de previsões da empresa e analistas acusaram os executivos seniores de enterrarem as cabeças no chão, mas especialistas e analistas estavam em sua maioria errados.

Na verdade, a Cisco terminou com uma montanha de placas e de semicondutores dos quais não precisava em função do modo como seus parceiros na cadeia de suprimentos tinham se comportado nos 18 meses anteriores. A Cisco não tinha uma fábrica; sua produção era terceirizada. Os contratantes haviam estocado produtos semi-acabados porque a demanda pelos produtos da Cisco usualmente excedia o suprimento. Eles tiveram um incentivo para construir estoques reguladores: a Cisco os recompensava quando eles entregavam os suprimentos com rapidez. Muitos contratantes também aumentavam suas margens de lucro com a compra de grandes volumes de fornecedores de componentes a preços mais baixos do que a Cisco tinha negociado. Como os contratantes e os fabricantes de componentes tinham tudo a ganhar e nada a perder com a compra do excesso de estoque, eles trabalhavam além do horário para produzi-lo sem se preocupar com as reais necessidades da Cisco.

Quando a demanda caiu, na primeira metade do ano fiscal de 2000, a Cisco percebeu que não poderia cortar os suprimentos tão rapidamente. Além do mais, não estava claro o que a empresa havia pedido para seus fornecedores produzirem e o que os contratantes tinham fabricado em antecipação aos pedidos da Cisco. Muitos deles acreditavam que a Cisco tinha implicitamente assegurado que compraria tudo o que fosse produzido. Como a Cisco não havia estipulado responsabilidades ou *accountability* de seus contratantes e fornecedores de componentes, muito do excesso de estoque terminou em seus depósitos. Contudo, a cadeia de suprimentos implodiu porque os parceiros da Cisco agiram de um jeito que não representava os melhores interesses da empresa ou da cadeia de suprimentos.

Em um plano retrospectivo, é tentador perguntar: "O que todos estavam pensando?" Mas a cadeia de suprimentos da Cisco era mais regra do que exceção. A maioria das empresas não se preocupa com o comportamento de seus parceiros enquanto constrói uma cadeia de suprimentos para a entrega de produtos e serviços aos clientes. Engenheiros – não psicólogos – constroem redes de suprimento. Todas as empresas se comportam de forma a maximizar seus próprios interesses, mas as empresas pressupõem, erroneamente, que, quando elas agem assim, também maximizam os interesses da cadeia de suprimentos. Nessa visão equivocada, a busca do benefício individual conduz ao bem coletivo, um argumento sobre o mercado que Adam Smith já havia usado há mais de dois séculos. O que se espera é que cadeias de suprimentos trabalhem eficientemente sem interferências, como se guiadas pela mão invisível de Adam Smith. Mas nossa pesquisa, ao cobrir os últimos dez anos, mostra que os executivos fizeram um excesso de pressuposições. Descobrimos, nas mais de 50 cadeias de suprimentos que estudamos, que as empresas freqüentemente não atuam de forma a maximizar os lucros das cadeias de suprimentos, cuja atuação, conseqüentemente, deixa a desejar.

Essa descoberta não surpreende quando você considera que as cadeias de suprimentos se estendem por várias funções e por muitas empresas, cada uma das quais com suas próprias prioridades e objetivos. Ainda assim, todas essas funções e empresas devem trabalhar na mesma direção para assegurar que a cadeia de suprimentos forneça bens e serviços com rapidez e com uma boa relação custo-benefício. Os executivos encaram problemas interorganizacionais, mas ignoram problemas entre empresas porque são difíceis de detectar. Eles consideram entediante e perda de tempo definir papéis, responsabilidades e *accountability* para uma série de negócios que não gerenciam diretamente. Além disso, coordenar ações entre empresas é difícil porque as organizações têm culturas diferentes e não podem contar com crenças ou lealdade nem compartilhá-las para motivar seus parceiros. Para induzir os parceiros das cadeias de suprimentos a se comportarem da melhor forma para todos, as empresas têm de criar ou modificar incentivos financeiros.

Uma cadeia de suprimentos funciona bem se os incentivos das empresas que a compõem estiverem alinhados – isto é, se os riscos, custos e recompensas por fazer negócios estiverem distribuídos com justiça por toda a rede. Por razões que discutiremos mais adiante, se os incentivos não estiverem alinhados, as ações das empresas não otimizarão o desempenho da cadeia de suprimentos. Na verdade, incentivos desalinhados são, com freqüência, a causa de excesso, ou falta, de estoque, de previsões incorretas, esforços de venda inadequados e, até, um serviço de atendimento ao cliente ruim.

Quando os incentivos não estão alinhados na cadeia de suprimentos, não é só a questão da eficiência operacional que está em risco. Nos últimos anos, muitas empresas partiram do pressuposto de que os custos de suprimento são mais ou menos fixos e têm lutado com os fornecedores por uma fatia maior do bolo. Por exemplo, os fabricantes de automóveis dos Estados Unidos têm se antagonizado com seus vendedores por demandarem uma redução automática de preços todos os anos. Nosso estudo, no entanto, mostra que a empresa pode aumentar o tamanho do bolo propriamente dito pelo alinhamento dos incentivos de seus parceiros. Assim, o destino de todos os membros da cadeia de suprimentos está interligado: se as empresas trabalharem juntas para entregar, de forma eficiente, produtos e serviços aos clientes, todas ganharão. Se não, todas perderão para outra cadeia de suprimentos. O desafio é ter todas as empresas em sua rede de suprimentos jogando o mesmo jogo, de forma que todos saiam ganhando. A única forma de fazer isso é alinhando os incentivos.

Por que os incentivos escapam ao controle

As empresas sempre reclamam conosco de que seus parceiros nas cadeias de suprimentos não parecem querer fazer o que é o melhor para o interesse de todos, mesmo quando o que é melhor para a cadeia de suprimentos é óbvio. Acreditamos que essa atitude obstrutiva seja um sinal revelador de que os incentivos escaparam ao controle e de que as empresas estão perseguindo objetivos diferentes.

Há três razões para as questões relacionadas a incentivo aparecerem nas cadeias de suprimentos. Primeira: quando as empresas não conseguem observar as ações de outras, elas julgam difícil persuadi-las a fazerem o melhor em benefício da rede de suprimentos. Uma simples ilustração: a Whirlpool depende de varejistas como a Sears para vender suas máquinas de lavar porque o pessoal de vendas dos varejistas tem grande influência na decisão de compra do consumidor. Se a Whirlpool não oferecer margens lucrativas em seus produtos, a Sears irá procurar vender produtos lucrativos da concorrência – ou encorajará a venda de produtos de sua marca própria, a Kenmore. Contudo, a Whirlpool não pode observar ou monitorar o esforço que a Sears está fazendo para vender seus produtos. Como as ações da Sears ficam fora das vistas da Whirlpool, esta julga difícil criar incentivos que induzam o varejista a fazer o melhor para as duas empresas. Essas "ações ocultas", como as denominamos, ocorrem ao longo de toda a cadeia de suprimentos.

Segunda razão: é difícil alinhar interesses quando uma empresa tem informação ou conhecimento que outras na mesma cadeia de suprimentos não têm. Por exemplo, a maioria dos vendedores de automotivos nos Estados Unidos teme que se revelar seus dados referentes a custos, as Big Three – os três grandes fabricantes americanos de veículos – usarão essa informação para apertar as margens dos vendedores. Por essa razão, fornecedores relutam em participar de iniciativas de melhoria que permitiriam que as montadoras e outras empresas coletassem tais informações. Como os fornecedores insistem em esconder informação, as cadeias de suprimentos das Big Three não conseguem funcionar com a eficiência que poderiam.

Terceira: os esquemas de incentivos são normalmente mal concebidos. Nosso exemplo favorito desse problema é o de uma empresa canadense, fabricante de pães, que sentiu que precisava aumentar seus estoques nas lojas. O fabricante ofereceu aos entregadores determinado espaço em sua prateleira nas lojas e comissões baseadas nas vendas dos produtos ali colocados. Os entregadores, alegremente, mantiveram as prateleiras das lojas abastecidas – mesmo nos dias em que a marca concorrente de pão oferecia aos consumidores descontos significativos nos produtos. A padaria canadense teve de jogar fora pilhas de pão passado e isso resultou em alto prejuízo. Os entregadores ganharam uma comissão simpática, mas os lucros da empresa foram atingidos por um esquema de incentivos mal concebido.

Fazendo os reparos necessários

Nosso estudo sugere que as empresas devem alinhar os incentivos em três estágios. Para começar, os executivos precisam reconhecer que existe desalinhamento. Então, devem rastrear o problema até onde se encontram as ações ocultas, informações escondidas ou incentivos mal concebidos. Finalmente, com o uso das três abordagens que descreveremos em detalhes mais adiante neste artigo, as empresas poderão alinhar ou redesenhar incentivos para obter o comportamento que desejam de seus parceiros.

ACEITE A PREMISSA

Quando fazemos pesquisas informais com executivos, quase todos admitem que jamais pensaram que o alinhamento de incentivos pudesse ser um problema em sua cadeia de suprimentos. A nós, isso não surpreende. No princípio, a maioria das empresas acha difícil lidar com a relação entre incentivos e os problemas com a cadeia de suprimentos. Os executivos não entendem bem nem suficientemente os detalhes operacionais de outras empresas para poder perceber que os incentivos não estão funcionando adequadamente. Além do mais, as empresas tendem a evitar esse assunto - incentivos financeiros - porque, se o aumentarem, seus parceiros poderão suspeitar de que estejam meramente tentando negociar preços mais baixos para os produtos ou serviços que compram.

Uma vez que as empresas ultrapassem essa barreira mental, fica relativamente fácil para elas detectar o desalinhamento dos incentivos. Elas devem ter a expectativa de que problemas surgirão sempre que lançarem iniciativas de mudança porque isso provocará transformação nos incentivos de stakeholders cruciais – e a maioria dos stakeholders faz um escândalo quando os incentivos desandam. Por exemplo, no fim dos anos 90, empresas de vários setores, desde a Campbell, famosa por suas sopas, até a Liz Claiborne, do ramo da moda, combateram o efeito chicote – a amplificação de flutuações na demanda – fazendo, elas próprias, a gestão do estoque. Em vez de dependerem de distribuidores e varejistas para obter pedidos, as empresas montaram departamentos centralizadores da logística, que se encarregavam das decisões de compra. Embora essas iniciativas pudessem ter ajudado as cadeias de suprimentos das empresas, isso não ocorreu, devido à resistência explícita desses distribuidores e varejistas, que estavam convencidos de que os fabricantes os havia marginalizado.

LOCALIZE A CAUSA COM PRECISÃO

Os executivos devem chegar às raízes dos problemas de incentivos. Assim, devem escolher a melhor abordagem para realinhar os incentivos. Em nosso trabalho de consultoria, geralmente usamos a técnica da troca de papéis para esse propósito. Pedimos a gerentes seniores que identifiquem decisões que teriam sido tomadas de forma diferente se eles ou seus fornecedores tivessem se preocupado com os interesses da cadeia de suprimentos em vez de com os próprios. Em seguida, perguntamos por que os tomadores de decisão agiram daquela forma. Em alguns casos, as respostas sugerem treinamento deficiente ou ferramentas de apoio à decisão inadequadas para gerentes. Contudo, na maior parte do tempo, as respostas apontam para metas conflitantes. Então, tentamos descobrir se as decisões foram motivadas por ações escondidas ou informações ocultas ou por um sistema de incentivos mal concebido.

Alinhar incentivos é bem diferente de outros desafios da cadeia de suprimentos, que são sensíveis a processos estruturados de solução de problemas que envolvem equações e algoritmos. Em nossa experiência, somente os gerentes que entendem as motivações da maioria das empresas em sua cadeia de suprimentos poderão enfrentar questões relativas a incentivos. Como alinhamento também exige entendimento de funções, como marketing, manufatura, logística e finanças, é essencial que gerentes seniores sejam envolvidos no processo.

ALINHE OU REDESENHE

Uma vez que as empresas tenham identificado a raiz das causas de problemas de incentivo, poderão usar um de três tipos de solução – as baseadas em contrato, as baseadas em informações e as baseadas na confiança – para realinhar os incentivos. A maioria das organizações não tem influência para redesenhar os incentivos de toda uma cadeia de suprimentos – elas podem mudar apenas os incentivos de seus parceiros imediatos. Embora geralmente seja sempre a maior empresa da cadeia de suprimentos que se encarregue de alinhar os incentivos, tamanho não é necessário nem suficiente para esse propósito. No fim dos anos 80, a Kanthal, uma empresa sueca fornecedora de fios de aquecimento, com faturamento de $136 milhões, divulgou que passaria a cobrar multas sempre que a GE (faturamento: $35 bilhões) mudasse suas especificações sem aviso prévio. A poderosa GE concordou com as mudanças de contrato solicitadas por sua pequena parceira e, em conseqüência, os incentivos ficaram mais bem alinhados.

Refazendo contratos

Uma das maneiras de as empresas poderem alinhar incentivos na cadeia de suprimentos é alterando os contratos com as empresas com as quais mantêm parcerias. Quando o desalinhamento deriva de ações ocultas, os executivos poderão trazer essas ações para a luz do dia ou explicitá-las, criando um contrato que recompense ou penalize parceiros com base em resultados. Voltando a um dos exemplos citados, a Whirlpool poderá não ser capaz de enxergar o que o pessoal de vendas da Sears faz para promover suas máquinas de lavar roupa, mas pode rastrear o resultado de seus esforços – isto é, vendas maiores ou menores – e, dessa forma, estabelecer um acordo para recompensá-los de forma correspondente.

É necessário alterar contratos quando incentivos mal concebidos se tornam um problema. Pensemos naquele fabricante de pães canadense, cujos entregadores induziram os pontos de venda a formarem um excesso de estoques, quando suas comissões eram pagas com base no resultado das vendas. A empresa conseguiu mudar o comportamento do pessoal de entregas ao alterar seus contratos, que passaram a incluir cláusulas punitivas para a existência de pão velho nas prateleiras, algo que se podia monitorar. Embora essa providência tenha reduzido o excesso de estoques, as comissões eram a garantia de que as lojas estariam sempre abastecidas.

Isso pode parecer uma pequena mudança, mas é muito significativa. As empresas geralmente subestimam o poder de contratos repactuados. Pequenas mudanças nos incentivos podem transformar cadeias de suprimentos – e muito rapidamente. Veja o caso da Tweeter, uma cadeia varejista de produtos eletrônicos que, em maio de 1996, adquiriu a Bryn Mawr Stereo and Video, uma concorrente que acumulava prejuízos. Durante anos, as lojas da Bryn Mawr reportavam vendas menores do que as dos concorrentes. Os executivos da Tweeter logo perceberam que os incentivos que a Bryn Mawr oferecia a seus gerentes de loja não levariam ao aumento das vendas. Por exemplo, enquanto a Tweeter penalizava seus gerentes ao lhes cobrar uma pequena parte do custo dos produtos roubados da loja, a Bryn Mawr deduzia o valor integral dos produtos do salário dos seus. Como esses gerentes sofriam pressão maior para evitar roubos do que para promover as vendas, seu comportamento era conseqüência disso. Eles colocavam produtos de compra por impulso – como fitas e baterias – dentro de estantes de vidro com cadeado, o que reduzia os roubos, mas matava as vendas. Eles levavam mais tempo rastreando recibos de mercadoria do que mostrando produtos ao consumidor. Eles fechavam as lojas enquanto estivessem sendo feitas entregas de mercadorias para assegurar que não haveria perda de estoques. As vendas perdidas nesse processo não tinham a menor importância.

Depois da aquisição, a Tweeter parou de deduzir dos salários dos gerentes da Bryn Mawr as perdas de estoque e começou a lhes pagar porcentagem dos lucros das lojas. Embora tanto as vendas quanto as perdas afetem os lucros, a empresa aumentou efetivamente a importância das vendas em relação às perdas. A partir daí, os gerentes de lojas canalizaram seus esforços para o aumento das vendas em vez de para a diminuição das perdas. Embora a Tweeter tenha mantido o nome original das lojas, preservado o mix de produtos e retido os gerentes, em 1997 as vendas da Bryn Mawr aumentaram, em média, 10%. Quando os gerentes tiraram as mercadorias dos mostruários trancados e colocaram-na em prateleiras onde o cliente podia tocá-las, os furtos aumentaram, de $122 por mês para $600 por mês, por loja. O lucro líquido, contudo, aumentou em 2,5% das vendas naqueles 12 meses. A Tweeter não precisou trocar as pessoas para criar uma nova cultura na Bryn Mawr; somente os incentivos foram modificados. (Para mais detalhes, ver "Impact of Store Manager Incentives on Retail Performance", um artigo da Harvard Business School, de Nicole DeHoratius e Ananth Raman, setembro de 2000.)

Mudando o "como" – em vez do "quanto" – elas pagam seus parceiros, as empresas são capazes de melhorar o desempenho das cadeias de suprimentos. Quando isso acontece, todas as organizações na cadeia ganham mais dinheiro do que na situação anterior. (Ver "Os aspectos econômicos do alinhamento de incentivos", no fim deste artigo.) Nos anos 90, os grandes estúdios de Hollywood, como Universal Studios e Sony Pictures, descobriram que as freqüentes faltas de estoque de grandes locadoras, como Blockbuster ou Movie Gallery, era um sério problema. A falta de estoque nas lojas significava que todos sofriam: os estúdios perdiam uma venda potencial, as empresas de locação perdiam receita e os clientes voltavam para casa revoltados. Os níveis de estoque eram baixos porque os incentivos dos estúdios e das locadoras não estavam alinhados. Cada cópia de vídeo que os estúdios vendiam às lojas custava $60. A um preço médio por locação de $3, os varejistas tinham de se assegurar de que cada fita saísse pelo menos 20 vezes da loja para empatar o investimento. Os estúdios queriam vender mais fitas, mas os varejistas queriam comprar menos e alugá-las com mais freqüência.

Quando os estúdios e as locadoras exploraram a possibilidade de compartilhar receitas, os incentivos começaram a se alinhar. Como os custos dos estúdios para criar uma cópia é de apenas $3, eles poderiam recuperar o investimento logo na primeira vez que alguém alugava o filme. Teoricamente, isso significava que os estúdios tinham condições de fazer estoques muito maiores do que as locadoras. Entretanto, para que o modelo funcionasse, os estúdios precisavam captar receitas não da venda, mas da locação de fitas – como os varejistas.

No fim dos anos 90, quando as empresas de locação de vídeos propuseram contratos de receita compartilhada, os estúdios não se opuseram. Eles concordaram em vender as fitas para os varejistas por cerca de $3 cada e receber 50% das receitas por cada locação. Contudo, para que o esquema funcionasse, os estúdios precisavam rastrear as receitas e os estoques das locadoras. As partes concordaram, então, em ter um intermediário, a Rentrack, que obtinha os dados computadorizados dos varejistas e conduzia auditorias nas lojas para assegurar o rastreamento de todas as fitas. Na verdade, a solução, que se baseou na reformulação dos contratos, não teria funcionado se a Rentrack não tivesse revelado informações anteriormente ocultas dentro da cadeia de suprimentos.

Em menos de um ano, tornou-se claro que o compartilhamento de receitas havia levado a indústria de locação de vídeos a um final feliz. Os estúdios tiveram aumento em seus resultados, os varejistas passaram a ganhar mais dinheiro e os consumidores já não se desapontavam por não encontrarem o vídeo que desejavam. Especialistas da indústria estimam que as receitas do negócio de locação de vídeo aumentaram em 15% nos Estados Unidos e os estúdios e as locadoras tiveram aumento de 5% em seus lucros. Talvez o mais importante tenha sido o fato de que o índice de falta de estoques nas lojas tenha caído de 25%, antes da mudança, para 5%, com o novo esquema.

Revelando informações ocultas

As empresas podem também alinhar incentivos em toda a cadeia de suprimentos mediante o rastreamento e o monitoramento de outras variáveis do negócio, tornando visíveis essas ações ou disseminando informações na cadeia de suprimentos.

O modo mais eficaz de revelar ações ocultas é medir um maior número de variáveis. No fim dos anos 80, a Campbell Soup passou a oferecer descontos a seus distribuidores várias vezes ao ano, na esperança de que esses cortes de preço seriam repassados aos varejistas. Entretanto, os distribuidores compravam quantidade maior de unidades do que repassavam para o varejo, o que fazia as vendas da Campbell flutuarem acentuadamente. Por exemplo, a empresa vendia 40% de sua sopa de galinha em cada um daqueles anos durante os períodos promocionais de seis semanas. Esse aumento colocava sob grande pressão a cadeia de suprimentos. Quando a Campbell percebeu que acumulava dados sobre as compras de seus distribuidores, mas não sobre suas vendas, passou a investir em sistemas de rastreamento que pudessem fornecer ambas as informações. Ao oferecer descontos para seus distribuidores nas vendas, mas não nas compras, a Campbell eliminou o incentivo para a formação antecipada de grandes estoques, o que permitiu melhorar o desempenho da cadeia de suprimentos.

Nem sempre a tecnologia é necessária para que os gerentes passem a observar mais variáveis. Algumas empresas usam o comprador misterioso – um agente que se faz de consumidor – para verificar se, por exemplo, os distribuidores estão forçando a venda de algum produto ou se os varejistas estão oferecendo algum serviço. Assim como muitas empresas franqueadoras, a Mobil usa esse recurso para monitorar a limpeza das instalações e o comportamento dos empregados em seus postos de gasolina.

Sistemas de informação derivados dos princípios do sistema ABC (custeio por atividade ou linha de produto) são críticos para a mensuração de custos associados a ações ocultas. Nenhuma empresa sabe disso melhor que a Owens & Minor, grande distribuidora de equipamentos da área médica. Os hospitais costumavam pagar à O&M um percentual fixo dos custos dos itens entregues. Podiam comprar diretamente do fabricante, se fosse mais barato. Por exemplo, algumas vezes os hospitais compravam produtos de margem alta, como suturas cardiovasculares, diretamente do fabricante para evitar a margem do distribuidor.

Os hospitais esperavam que a O&M fornecesse produtos com altos custos de armazenamento, manuseio e transporte – fraldões para adultos, por exemplo – embora esses itens tivessem uma margem baixa para o distribuidor. Contratos com base nos custos mais margem (*cost-plus contracts*) levaram ao desalinhamento também em outra área – em geral, os distribuidores relutavam em fornecer serviços, como entregas just-in-time, enquanto os hospitais demandavam um número cada vez maior deles pela mesma margem fixa.

A O&M vislumbrou a oportunidade de realinhar incentivos quando mudou para um sistema ABC e assumiu o controle da lucratividade de seus serviços para hospitais. Até então, a O&M sabia quando seus clientes solicitavam serviços, como entregas emergenciais. O que ela não sabia era o resultado desses pedidos em seus custos e lucros. Em outras palavras, as ações dos clientes não estavam ocultas da O&M, mas seu impacto, sim. Depois que a empresa conseguiu levantar os custos de seus serviços, cobrou de seus clientes o valor de sua margem de acordo com os serviços que desejavam. Contudo, primeiramente, para testar a mudança, a O&M abordou um hospital que havia rejeitado sua proposta dois anos antes. A empresa explicou que, em vez de oferecer um contrato cost-plus, cobraria por serviço prestado. Além disso, mostrou sua planilha de custos ao hospital para demonstrar que as taxas não eram fora de propósito.

A reação do hospital foi tão encorajadora que, em 1996, a O&M passou a oferecer a todos os clientes uma escolha entre um sistema ABC e um contrato tradicional. Os contratos com base no sistema ABC ofereciam aos hospitais um cardápio de serviços com os respectivos preços. Um hospital poderia escolher entregas just-in-time, por exemplo, mas teria de pagar por elas. A O&M acreditava que, ao estruturar incentivos mutuamente vantajosos, poderia induzir os hospitais a agirem de modo a beneficiar ambas as partes. A empresa não estava errada: a maioria dos hospitais ficou satisfeita de ter um distribuidor que oferecesse todos os serviços eventualmente necessários, mesmo que isso significasse pagamento adicional. Em 2003, as vendas da O&M a partir de contratos do sistema ABC alcançaram $1,35 bilhão, o que representava quase um terço de seu giro de $4,2 bilhões.

Desenvolvendo a confiança

Às vezes as empresas usam mecanismos baseados na confiança para evitar o aparecimento de problemas de incentivos na cadeia de suprimentos. Isso pode soar como contradição, uma vez que as empresas são mais propensas a desenvolver uma relação de confiança mútua quando seus incentivos estão alinhados. Quando as empresas percebem, desde o início, que trabalhar com parceiros não é uma empreitada fácil, podem usar intermediários para evitar que a cadeia de suprimentos desmorone. Essa prática tem se tornado cada dia mais comum à medida que empresas americanas e européias terceirizam a fabricação para os países em desenvolvimento, onde contratos legais são geralmente mais difíceis de cumprir.

Quando as empresas ocidentais se associam a fabricantes ou fornecedores de componentes asiáticos, cada uma das partes fica em dúvida sobre os interesses da outra. Os importadores ficam convencidos de que os fornecedores não entregarão no prazo, não conseguirão produzir com um padrão de qualidade consistente e que darão prioridade às empresas que pagarem preços mais altos. Eles também temem que as empresas contratadas poderão reduzir seus custos subornando funcionários do governo ou empregando mão-de-obra infantil. Como a Nike descobriu, essas práticas duvidosas dão aos importadores, em vez de aos fornecedores, má reputação. De sua parte, os fornecedores temem que os importadores rejeitem seus produtos. Como os importadores fecham o contrato seis a nove meses antes da entrega, os fornecedores duvidam da capacidade de as empresas preverem com precisão a demanda do mercado. Eles se preocupam que a demanda venha a ser menor do que a prevista e que os importadores rejeitem suas consignações, alegando que a qualidade estava abaixo do esperado.

Sob essas circunstâncias, a presença de um intermediário poderá ajudar a alinhar os incentivos de ambos os lados. Por exemplo, a Li & Fung, uma intermediária da cadeia de suprimentos com base em Hong Kong, se tornou especialista em fazer o casamento dos interesses de fabricantes e fornecedores. A empresa, que montou uma rede de fábricas na Ásia, faz respeitar um código de ética que torna impossível que as empresas associadas tenham, por exemplo, condições de trabalho abaixo dos padrões mínimos de higiene ou que paguem abaixo do salário mínimo. A Li & Fung monitora seus fornecedores para assegurar que eles se comprometam com a qualidade e os padrões éticos que as empresas ocidentais exigem. Ela tem em seus quadros um CCO (Chief Compliance Officer) que se reporta diretamente ao CEO. A Li & Fung é responsável por cerca da metade dos volumes de produção anual de suas empresas fornecedoras. Se um fornecedor renegar seus compromissos, estará arriscado a perder uma grande parcela dos negócios oferecidos pela Li & Fung que, ao mesmo tempo, monitora a honestidade das empresas multinacionais. Se estas fizerem demandas frívolas aos fornecedores ou se recusarem a receber os produtos pelos preços contratados, no futuro terão acesso rejeitado à rede da Li & Fung. Dessa forma, esta consegue alinhar incentivos em razão dos repetidos negócios que oferece a importadores e fornecedores.

Da mesma forma que a reputação da Li & Fung reduz a necessidade de contratos formais, assim ocorre com os relacionamentos entre indivíduos nas empresas. Klaus Obermeyer, fundador da marca de artigos esportivos para esquiadores Sport Obermeyer, formou, em 1985, uma *joint-venture* com a Raymond Tse, um fornecedor sediado em Hong Kong, para fornecimento de matéria-prima, corte e costura de peças e coordenação das remessas. Ao longo dos últimos 19 anos, Klaus deixou a maior parte das decisões relativas à produção e investimentos a critério de Tse. Ele valoriza seu relacionamento com Tse e, tendo em vista o histórico do trabalho em conjunto, acredita que Tse não tomará decisões que não sejam do interesse de ambas as partes. O desejo de preservar esse relacionamento tem sido incentivo suficiente para que Obermeyer e Tse atuem sempre de um modo que os beneficie mutuamente.

AS EMPRESAS DEVEM SEMPRE EXPLORAR soluções que tenham contratos como base antes de tentar abordagens alternativas, uma vez que contratos são fáceis e rápidos de implementar. Contudo, elas devem ter em mente que os avanços tecnológicos reduziram os custos de soluções baseadas em informações. Por exemplo, algumas organizações tornaram seus dados relativos a vendas disponíveis em tempo real para toda a cadeia de suprimentos – e isso aconteceu há inimagináveis cinco anos. Na verdade, recomendamos que se avalie a possibilidade de implementar soluções com base em informações antes de recorrer às que se baseiam na confiança. Estas só podem ser adotadas se as empresas forem capazes de identificar intermediários que possuam essa qualidade, o que é geralmente muito difícil.

Antes de concluir, devemos mencionar dois alertas. Primeiro, uma solução que resolva a questão de desalinhamento de incentivos para uma empresa poderá exacerbar o problema para outra, portanto, os executivos devem coordenar simultaneamente os interesses de todas as empresas da cadeia de suprimentos. Segundo, as empresas devem alinhar os interesses de todos os tomadores de decisão que têm papéis-chave na cadeia de suprimentos. Embora seja difícil para uma empresa mudar os incentivos de executivos de outras organizações, ela poderá indicar os possíveis desalinhamentos para seus parceiros. Considere o seguinte exemplo: uma empresa recém-formada, com escritórios em Boston, colocou quiosques com seus produtos em pontos de venda do varejo. Ela oferecia incentivos às empresas varejistas, mas deixou de assegurar que estas os repassassem a seus gerentes de loja. Como eles podiam escolher onde posicionar os quiosques, mas não tinham motivação para colocá-los em lugar de destaque, a empresa descobriu que eram montados em locais que pouco chamavam a atenção dos consumidores. Ao revelar o problema para os varejistas, a empresa foi capaz de consertá-lo antes que fosse tarde demais.

As empresas devem estudar periodicamente suas cadeias de suprimentos porque, mesmo redes com o mais alto desempenho são afetadas pela modificação das condições de mercado ou tecnológicas, o que pode alterar o alinhamento dos incentivos. As empresas podem cumprir três etapas para facilitar a discussão sobre desalinhamento. Primeira: os executivos devem conduzir auditorias de incentivos sempre que adotarem novas tecnologias ou entrarem em novos mercados. Essas auditorias devem verificar se os incentivos oferecidos a indivíduos-chave e a stakeholders são consistentes com o comportamento que as empresas esperam de seus parceiros. Segunda: empresas devem educar seus gerentes sobre seus parceiros da cadeia de suprimentos. Somente então, por exemplo, os fabricantes entenderão melhor seus distribuidores ou os varejistas perceberão as limitações enfrentadas pelos fabricantes. Terceira: como os executivos geralmente ficam desconfortáveis ao discutirem como os incentivos influenciam suas decisões, é interessante despersonalizar a situação, fazendo os gerentes examinarem estudos de caso de outros setores. Iniciar essa conversa é um fator crítico – na maioria das cadeias de suprimentos, fazer as empresas admitirem a existência de problemas de incentivo já é ganhar mais da metade da batalha.

Uma abordagem passo a passo

AS EMPRESAS SE DEFRONTAM COM PROBLEMAS de incentivo em suas cadeias de suprimentos em função dos seguintes fatores:

- Ações ocultas praticadas por empresas parceiras.
- Informações e dados ou conhecimento ocultos que apenas algumas das empresas na cadeia de suprimentos possuem.
- Incentivos mal concebidos.

As empresas poderão enfrentar os problemas com incentivos da seguinte maneira:

- Reconhecendo que tais problemas existem.
- Diagnosticando suas causas – ações ou informações ocultas ou incentivos mal concebidos.
- Criando ou redesenhando os incentivos, de forma que os parceiros sejam induzidos a se comportar de um modo que maximize os lucros da cadeia de suprimentos.

As empresas podem redesenhar incentivos da seguinte forma:

- Promovendo a modificação de contratos para recompensar parceiros por atuar na cadeia de suprimentos segundo o melhor interesse de todos.
- Acumulando ou compartilhando informações anteriormente ocultas.
- Usando intermediários ou relacionamentos pessoais para desenvolver relações de confiança entre os parceiros da cadeia de suprimentos.

As empresas poderão evitar problemas de incentivos da seguinte forma:

- Conduzindo auditorias de incentivos sempre que adotarem novas tecnologias, entrarem em novos mercados ou lançarem programas de melhoria na cadeia de suprimentos.
- Educando gerentes sobre processos e incentivos em outras empresas da cadeia de suprimentos.

- Tornando as discussões menos pessoais, fazendo os executivos examinarem problemas de outras empresas ou setores.

Os aspectos econômicos do alinhamento de incentivos

SE UMA EMPRESA CONSEGUIR ALINHAR os incentivos de outras empresas de sua cadeia de suprimentos, todos terão lucros maiores. Essa não é uma afirmação inconseqüente. Ela pode ser facilmente demonstrada no caso de uma cadeia de suprimentos composta por duas empresas.

Digamos que uma empresa jornalística produza jornais ao custo de $0,45 por cópia, os venda para o jornaleiro por $0,80 cada e ele os coloque à venda por $1,00. Suponhamos também que a demanda por esse jornal esteja uniformemente distribuída entre 100 e 200 cópias por dia.

Custos e Lucros	**Contrato Tradicional**	**Contrato de Compartilhamento de Receitas**	**Contrato com Redução de Preços**
Preço no Varejo	$1,00	$1,00	$1,00
Custo de Impressão	$0,45	$0,45	$0,45
Preço por Atacado	$0,80	$0,45	$0,80
Jornaleiro – Participação na Receita	100%	65%	100%
Jornaleiro – Remuneração por Cópias Não Vendidas	–	–	$0,60
Jornaleiro – Custo de Falta de Estoque	$0,20	$0,20	$0,20
Jornaleiro – Custo por Excesso de Estoque	$0,80	$0,45	$0,20
Nível do Estoque	120 cópias	131 cópias	150 cópias
Jornaleiro – Lucro Diário	$22,00	$23,08	$25,00
Empresa Jornalística – Lucro Diário	$42,00	$44,17	$45,00
Cadeia de Suprimentos – Lucro Diário	$64,00	$67,25	$70,00

O jornaleiro deve jogar fora as cópias não vendidas. Assim, ele deve comparar dois tipos de custo antes de decidir quantas cópias estocar. Ele perde $0,80 por cada cópia não vendida, mas, se a demanda exceder o suprimento, seu custo de oportunidade será de $0,20 por cópia. O nível de estoque do jornaleiro será ótimo quando os custos marginais de falta de estoque forem iguais aos custos marginais de excesso de estoque – nesse caso, quando ele pedir 120 cópias. O jornaleiro estocará menos cópias do que a demanda média de 150 cópias por dia porque o custo de excesso de estoque ($0,80) é quatro vezes maior do que o de falta de estoque ($0,20). Isso pode levar a uma freqüente falta de estoque.

Se a empresa jornalística produzisse e vendesse ela mesma o jornal, incorreria em um custo de falta de estoque de $0,55 (o preço no varejo menos o custo de impressão) e um custo de excesso de estoque de $0,45 (o custo unitário de impressão). De acordo com nossos cálculos, os lucros da empresa jornalística seriam os mais altos possíveis se fosse feito um estoque de 155 cópias, não de 120. (Para detalhes de como chegamos aos números aqui apresentados, ver a nota técnica de V.G. Narayanan em "The Economics of Incentive Alignment", Harvard Business School, 2004.) Na verdade, tanto a empresa jornalística quanto os consumidores ficariam mais satisfeitos se houvesse um número maior de cópias do jornal na banca, mas o jornaleiro, não. O jornaleiro forma um estoque menor do que todo mundo gostaria que ele tivesse porque esse é o seu interesse. Portanto, a empresa jornalística necessita modificar os incentivos do jornaleiro de forma que, quando ele decidir fazer determinado estoque que seja de seu interesse, isso coincida com o aumento dos lucros da empresa jornalística.

Uma das maneiras pelas quais a empresa jornalística poderia conseguir isso seria mediante a utilização de um contrato de compartilhamento de receitas, diminuindo o preço que o jornaleiro paga por cada cópia, de $0,80 para $0,45. Em retorno, o jornaleiro poderia passar a reter, digamos, 65% do preço de venda e repassar 35% para a empresa jornalística. O custo de falta de estoque do jornaleiro permaneceria em $0,20, mas seu custo de excesso de estoque cairia porque ele pagaria menos por cada cópia. Agora, o jornaleiro estaria inclinado a fazer um estoque de 131 cópias em vez de 120. Os lucros de ambas as partes – empresa jornalística e jornaleiro – aumentariam (ver tabela).

Alternativamente, a empresa jornalística poderia pagar ao jornaleiro, suponhamos, $0,60 por cópia não vendida, o que baixaria o custo de excesso de estoque do jornaleiro e o encorajaria a comprar mais cópias. A empresa jornalística mais do que compensaria parte desse custo em função dos maiores lucros que viria a obter com o aumento das vendas. Nesse caso, o jornaleiro faria um estoque de 150 cópias.

Como mostra a tabela, tanto a empresa jornalística quanto o jornaleiro, em comparação com o sistema tradicional, teriam lucros maiores com contratos aqui considerados, do tipo compartilhamento de custos ou de reembolso parcial de excesso de estoque. O aumento dos lucros não ocorreria a expensas do consumidor, que pagaria exatamente o mesmo preço na banca. Além disso, o nível de estoque aumentaria, o que resultaria em maior satisfação do cliente.

Publicado originalmente em novembro de 2004
Reimpressão R0411F

Os Colaboradores

SCOTT BETH é o vice-presidente de *procument* da Intuit. Na época da mesa-redonda, era o diretor sênior de terceirização global para produtos eletrônicos e grupos de solução da Agilent Tecnologies.

H. KENT BOWEN é professor da cadeira Bruce Rauner de Administração de Negócios da Harvard Business School.

DAVID N. BURT é professor de gestão da cadeia de suprimentos e diretor do Instituto de Gestão da Cadeia de Suprimentos da Universidade de San Diego.

THOMAS Y. CHOI é professor de gestão da cadeia de suprimentos da W.P. Carey School of Business, na Universidade do Estado do Arizona, em Tempe.

WILLIAM COPACINO é o executivo-chefe do grupo de capacitação da Accenture Business Consulting. É autor de vários livros sobre gestão da cadeia de suprimentos.

KASRA FERDOWS é professor de manufatura global da cadeira Heisley Family na McDonough School of Business da Universidade de Georgetown, em Washington DC.

CHRIS GOPAL é vice-presidente de gestão da cadeia de suprimentos global da Unisys. Foi diretor de consultoria da cadeia de suprimentos global na Ernst & Young e vice-presidente na Dell Computer.

A. MICHAEL KNEMEYER é professor-assistente de logística no Fischer College Business, da Universidade do Estado de Ohio, em Columbus.

DOUGLAS M. LAMBERT é o titular da cadeira Raymond E. Mason em Transporte e Logística no Fischer College of Business, da Universidade do Estado de Ohio, em Columbus, e lá dirige o Fórum Global de Gestão da Cadeia de Suprimentos.

HAU L. LEE é professor da cadeira Thoma de Operações, Informação e Tecnologia da Universidade de Stanford, co-diretor do Fórum Global de Gestão da Cadeia de Suprimentos em Stanford e diretor do Programa Executivo Managing Your Supply Chain for Global Competitiveness.

MICHAEL A. LEWIS é professor de gestão de operações e suprimentos na Escola de Gestão, da Universidade de Bath, no Reino Unido.

JEFREY K. LIKER é professor de engenharia industrial e operacional na Universidade de Michigan, em Ann Arbor.

ROBERT PORTER LYNCH é CEO da Warren Company e autor de *Business Alliances Guide: The Hidden Competitive Weapon* (Wiley, 1993).

JOSE A.D. MACHUCA é professor de gestão de operações na Universidade de Sevilha, na Espanha.

SANDRA MORRIS é vice-presidente e CEO da Intel, onde está desde 1985. Ela trabalhou no Centro de Pesquisas David Sarnoff, da RCA.

V.G. NARAYANAN é professor de administração de negócios da Harvard Business School, em Boston.

ANANTH RAMAN é professor de logística de negócios da cadeira UPS Foundation da Harvard Business School, em Boston.

STEVEN J. SPEAR é professor assistente de administração de negócios da Harvard Business School, em Boston.

Índice